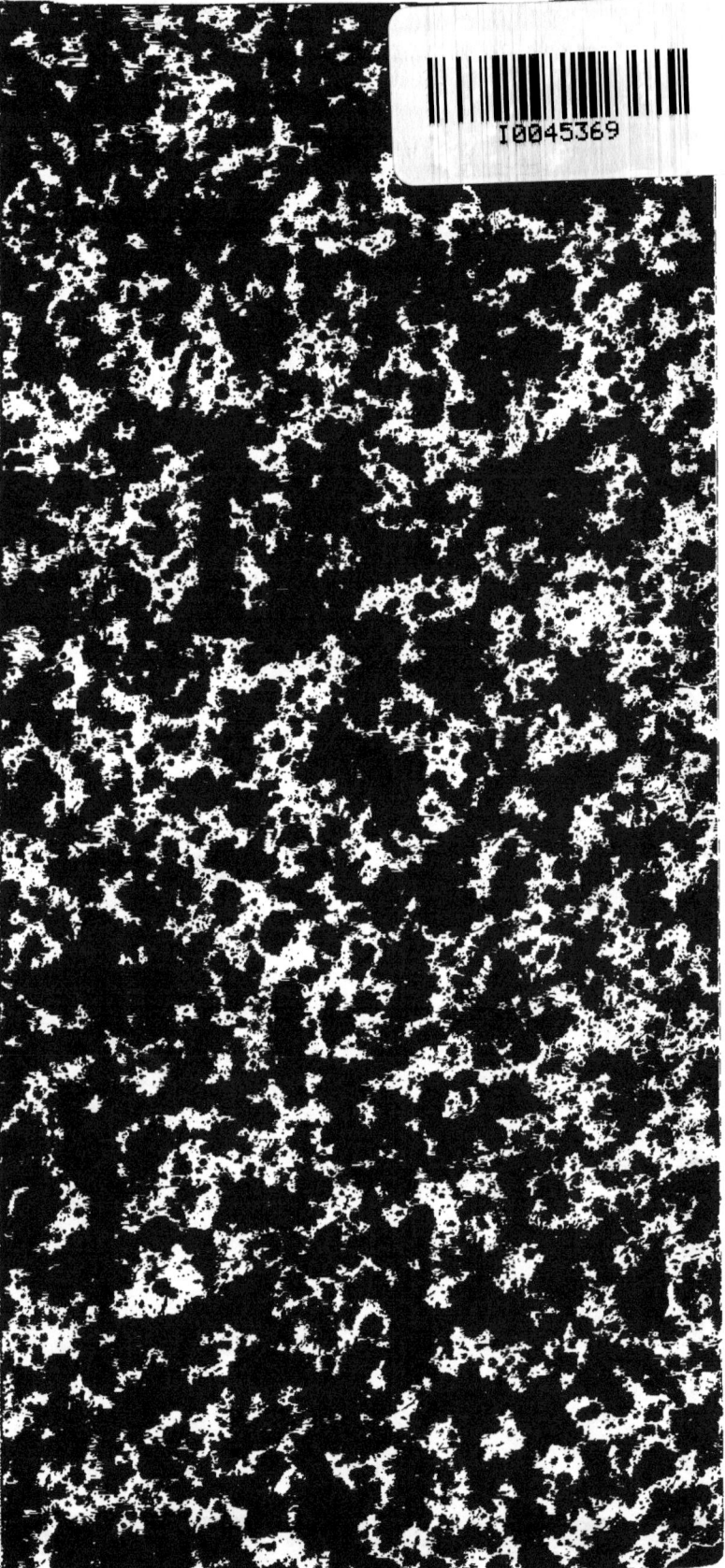

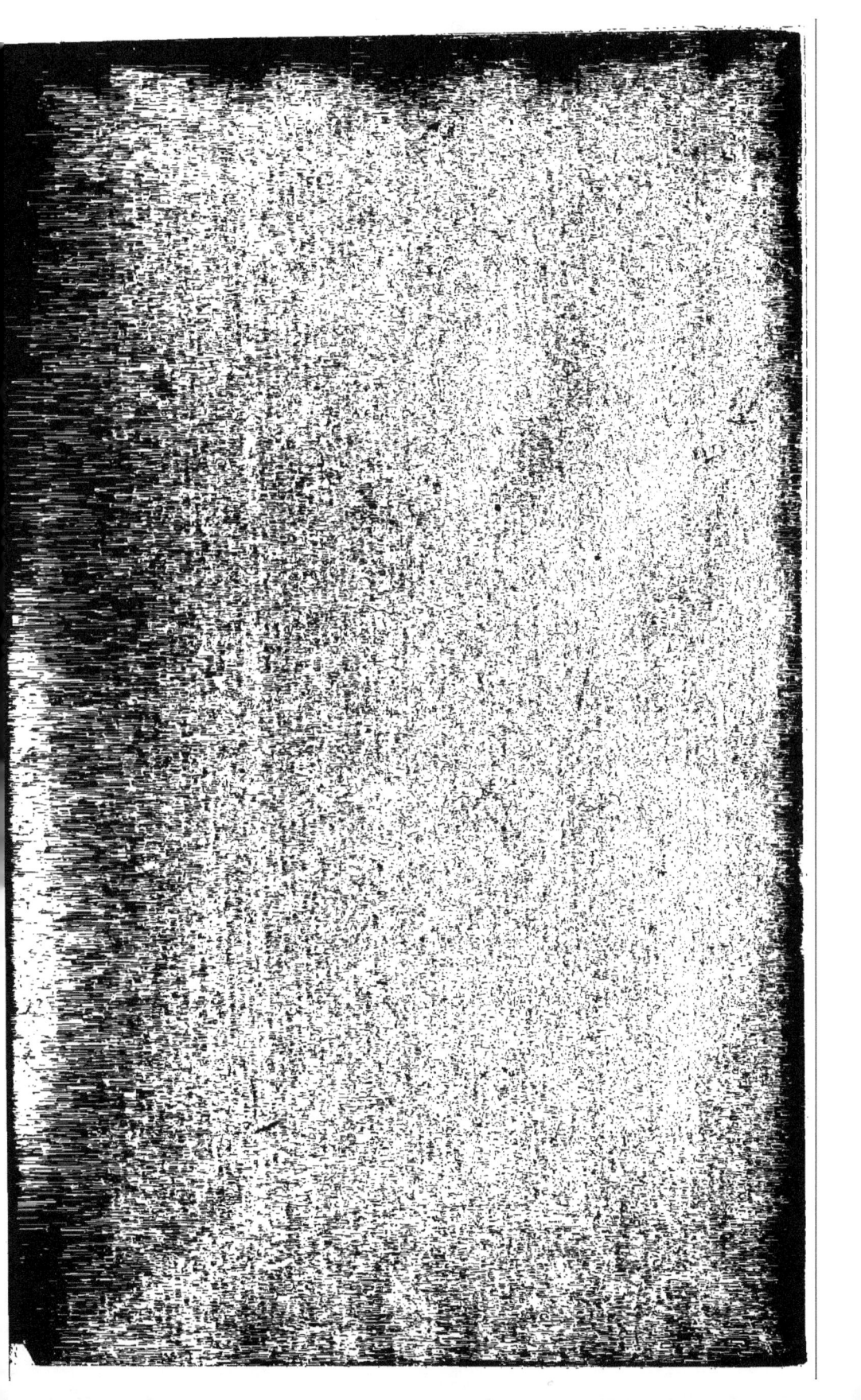

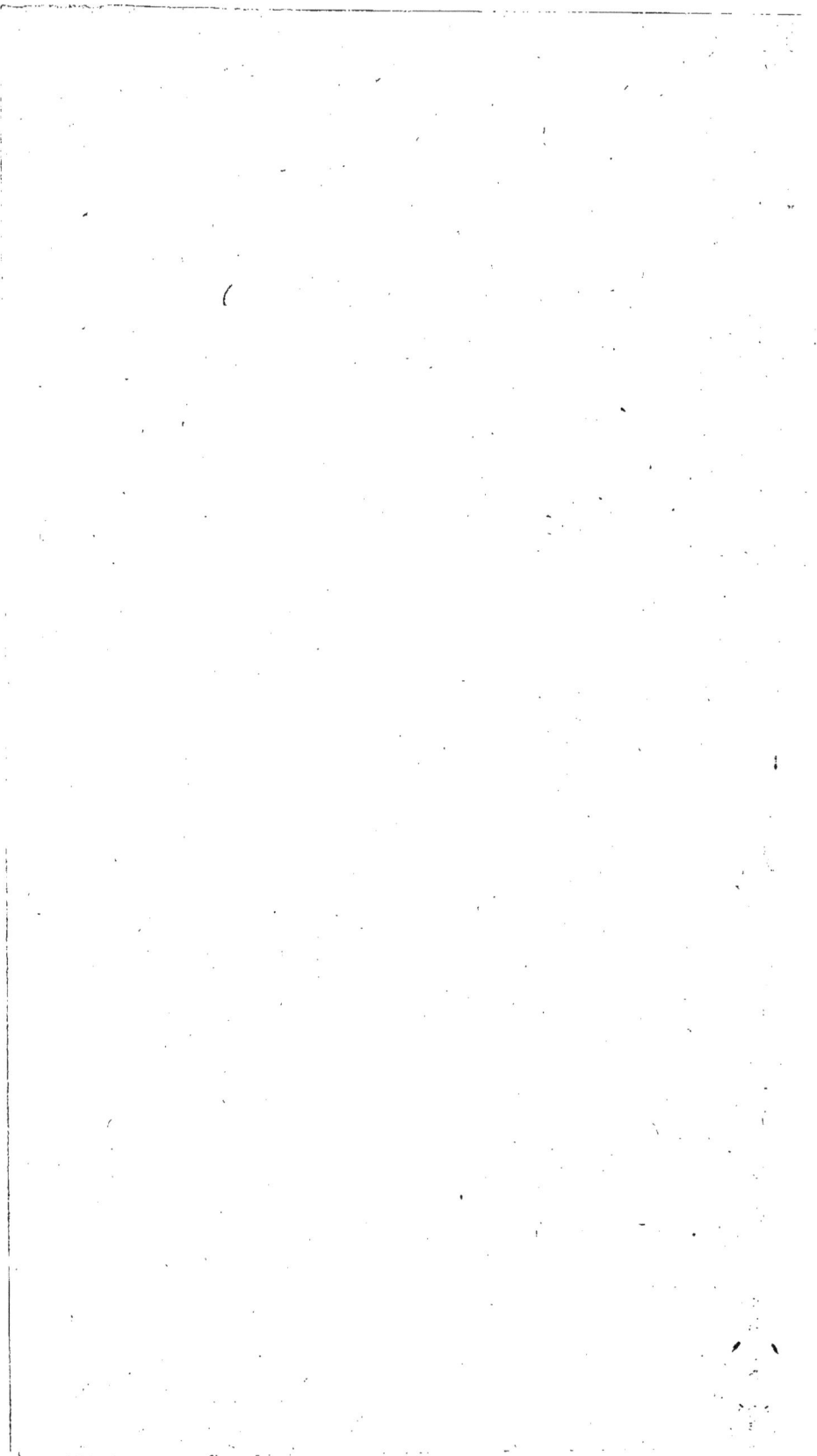

FACULTÉ DE DROIT DE PARIS

DROIT ROMAIN

DE L'IN INTEGRUM RESTITUTIO

ENVISAGÉE COMME VOIE DE RECOURS

CONTRE LES JUGEMENTS

DROIT FRANÇAIS

DES CAUSES D'OUVERTURE A CASSATION

EN MATIÈRE CIVILE

THÈSE POUR LE DOCTORAT

Présentée et soutenue le mercredi 18 juin 1884, à midi,

PAR

Henri AUBERT,

AVOCAT A LA COUR D'APPEL.

Président :	M. GLASSON,	Professeur.
Suffragants :	MM. LÉVEILLÉ, CAUWÈS,	Professeurs.
	H. MICHEL, CHAVEGRIN.	Agrégés.

PARIS

ERNEST THORIN, LIBRAIRE-ÉDITEUR

7, RUE DE MÉDICIS, 7.

1884

FACULTÉ DE DROIT DE PARIS

DROIT ROMAIN

DE L'IN INTEGRUM RESTITUTIO

ENVISAGÉE COMME VOIE DE RECOURS

CONTRE LES JUGEMENTS

DROIT FRANÇAIS

DES CAUSES D'OUVERTURE A CASSATION

EN MATIÈRE CIVILE

THÈSE POUR LE DOCTORAT

Présentée et soutenue le mercredi 18 juin 1884, à midi,

PAR

Henri AUBERT,

AVOCAT A LA COUR D'APPEL.

Président :	M. GLASSON,	Professeur.
Suffragants :	MM. LÉVEILLÉ, CAUWÈS,	Professeurs.
	H. MICHEL, CHAVEGRIN.	Agrégés.

PARIS

ERNEST THORIN, LIBRAIRE-ÉDITEUR

7. RUE DE MÉDICIS, 7.

1884

A MON PÈRE — A MA MÈRE.

DROIT ROMAIN

DE L'IN INTEGRUM RESTITUTIO

ENVISAGÉE COMME VOIE DE RECOURS

CONTRE LES JUGEMENTS

INTRODUCTION.

Si, nous plaçant dans les dernières années de la République romaine, nous recherchons quels étaient, à cette époque, les divers moyens de recours qui pouvaient être dirigés contre les décisions judiciaires, nous en trouvons trois mentionnées dans les textes : La revocatio in duplum, l'intercessio, l'in integrum restitutio.

Avant de nous attacher à l'étude de cette dernière qui doit faire l'objet de cette thèse, il est nécessaire de connaitre exactement la nature des deux autres voies de recours et de déterminer le champ d'application de chacune d'elles.

Nous comprendrons mieux ensuite les caractères de l'in integrum restitutio, son origine, son utilité, pourquoi

enfin elle a survécu à la revocatio in duplum et à l'intercessio qui tombèrent en désuétude sous l'empire, par
l'organisation du droit d'appel.

La revocatio in duplum s'offrait au défendeur condamné qui voulait contester la validité d'un jugement entaché de nullité.

Soit que le judex ait outrepassé les pouvoirs que lui
concédait la formule, en condamnant, par exemple, à une
somme supérieure au maximum fixé par le magistrat
(Gaius, IV, § 52), soit que par dol ou même par faute « licet
per imprudentiam » (5, § 4, de oblig. et act. XLIV, 7), il ait
statué contrairement à la loi, « in fraudem legis » (15, § 1,
de jud. V, 1), « contra sacras constitutiones » dira-t-on
plus tard (L. 1, § 2, quæ sent. sine app. XLIX, 8); dans
toutes ces hypothèses, et dans d'autres encore, les textes
nous disent que la sentence est nulle, « nullius momenti »
(L. 1, § 3, quæ sent. sine app.).

Pour opposer cette nullité, le défendeur pouvait attendre l'exercice de l'action judicati et alléguer à ce moment l'inexistence légale de la sentence. mais il avait à
craindre, si le demandeur tardait à intenter cette action,
de voir disparaître ses moyens de preuve pour la repousser. De là l'utilité de la revocatio in duplum; en l'inten-
tant, le défendeur prenait l'initiative de la demande et
soumettait le jugement de condamnation à l'examen du
magistrat. Celui-ci, on peut le conjecturer de la Loi 1 pr.
quæ sent. sine app. (XLIX, 8) (1), renvoyait les parties

_____

(1) En ce sens Savigny, § 284 note f. Le texte est, il est vrai, d'une
époque postérieure, mais ses expressions conviennent également
aux temps anciens.

devant un judex qui devait répondre à cette question : an judicatum sit, necne ?

Si la réponse était négative, le jugement se trouvait annulé (rescinditur, dit la loi précitée).

En sollicitant l'intercessio, le plaideur faisait appel au pouvoir qu'avait tout magistrat romain d'opposer son veto (intercedere) aux décisions d'un autre magistrat égal ou inférieur. L'intercessio, qui entravait l'exécution d'une décision sans la remplacer par aucune autre, était sans utilité à l'égard des jugements d'absolution. Cicéron la mentionne (pro Tullio, IV, 38) à propos de la rédaction d'une formule, mais il est probable qu'elle s'appliquait également à un jugement prononçant une condamnation (1).

A la différence de la revocatio in duplum, l'in integrum restitutio suppose un jugement pleinement valable au fond et régulier en la forme.

Un jugement conforme en tout point au droit civil pouvait être cependant manifestement contraire à l'équité. Par exemple, le juge avait rendu sa sentence sur la foi de témoignages, dont la fausseté était, après coup, découverte ; ou bien l'un des plaideurs avait, par des menaces, empêché son adversaire d'user de moyens de preuves décisifs ; dans tous ces cas, et dans beaucoup d'autres analogues, la décision prononcée causait un préjudice certain, soit en condamnant à tort le défendeur, soit en rejetant la prétention du demandeur; la partie qui succom-

(1) Accarias, t. II, p. 912. Keller, Civilprozes. trad. Capmas, p. 365.

bait n'avait pas, en effet, la ressource d'intenter une nouvelle demande, puisque son droit d'agir avait été complètement éteint par la litiscontestatio. Le droit civil ne
présentait, en pareil cas, aucun moyen de faire réformer la sentence pleinement valable en droit.

La victime de cette injustice pouvait-elle, du moins,
dans l'hypothèse d'une condamnation, y échapper au
moyen de l'intercessio? Les renseignements précis nous
font défaut, mais ce n'est pas probable; car, pour le cas
spécial d'une condamnation amenée par des manœuvres
frauduleuses, nous voyons que l'action de dolo était donnée contre l'auteur du dol, et l'on sait que cette action
était essentiellement subsidiaire ; du reste, la réparation
qu'elle procurait était bien imparfaite, l'auteur du dol pouvant être insolvable, ce qui arrivait fréquemment.

Le préteur comprit la nécessité d'un secours plus efficace. Pour l'obtenir, il ne craignit pas d'entrer directement en lutte avec le droit civil et d'effacer, au moyen de
la restitutio in integrum, les conséquences d'un jugement
valablement rendu, lorsqu'il préjudiciait injustement à
une partie; c'était méconnaître ouvertement la règle « bis
eadem res in judicium deduci non potest », et si l'on songe
combien le respect de ce principe importe à la bonne
organisation de la justice, on est obligé de convenir, que
jamais le préteur ne se montra plus audacieux dans les
réformes qu'il apporta au droit civil.

Ce qui peut, jusqu'à un certain point, expliquer cette
intervention énergique du préteur, c'est d'abord et surtout le fait, qu'en présence d'une instance unique, le magistrat se réservait, en principe, l'examen des décisions

rendues par les juges pour en vérifier la régularité (1);
c'est en outre cette particularité, qu'en donnant l'in integrum restitutio contre les sentences judiciaires, le prè-
teur ne créait pas une institution nouvelle, mais se con-
tentait de faire application d'un moyen de recours
général, dont il se servait pour réparer une iniquité commise dans un acte juridique quelconque. Nous ne devrons
pas perdre de vue ce caractère de généralité de l'in integrum restitutio, lorsque nous voudrons déterminer les
principes qui régissent la restitution appliquée aux jugements; ce sont les règles communes à toutes les hypothèses que nous devrons suivre, toutes les fois que nous
n'en trouverons pas de spécialement indiquées pour les
jugements.

Nous avons dit que la restitutio in integrum fut donnée par le préteur dans le but de réformer une sentence
valable en droit, mais qui blessait l'équité; on peut se
demander : de quelle nature devait être l'injustice? quel
fut le premier motif qui détermina l'emploi de cette voie
de recours extraordinaire? vers quelle époque cet emploi
se produisit?

Sur toutes ces questions, nous sommes réduits aux
conjectures. Ce qui paraît résulter des fragments de textes que nous avons, c'est que l'in integrum restitutio dirigée contre les jugements, avait de fréquentes applications déjà du temps de Cicéron (2), qui nous cite le cas

(1) Cicéron (Verr. II, 13) rapporte un édit de Verrès par lequel
celui-ci « omnia judicia redegerat in suam potestatem ». Or, ce
que Cicéron paraît critiquer, c'est l'arbitraire du contrôle de Verrès,
mais non le principe du droit d'examen par le proconsul.
(2) Cicéron (Verr., II, 26) nous montre le préteur Metellus resti-

de crainte, ob metum (pro Flacco, n° 21). Ce qui est vrai-semblable, c'est que le préteur, entièrement maître d'ap-précier les motifs de l'accorder, devait faire un fréquent usage de la restitution, pour remédier aux nombreuses injustices et aux erreurs causées par le formalisme de la procédure romaine.

Ce qui empêche de rien affirmer avec certitude, c'est que les textes qui nous sont parvenus sur l'in integrum restitutio sont d'une époque plus récente, de l'époque impériale, et alors que l'utilité de l'in integrum res-titutio avait été bien diminuée par la création d'un moyen régulier et général pour obtenir la revision d'un jugement. Cette voie de recours nouvelle, dont il nous faut dire maintenant quelques mots pour signaler les différences qui la distinguent de l'in integrum restitutio, c'est l'appel.

L'appel, c'est le droit pour une partie d'exiger un nou-vel examen de toutes les questions de droit et de fait, qui ont précédemment fait l'objet d'une instance. Cette plu-ralité d'instances, conséquence de la constitution par l'empereur d'une hiérarchie de magistratures, diminue les chances d'erreur et d'injustice dans les sentences. En règle générale tous les jugements peuvent être frappés d'appel. La L. 3, § 1, ratam rem haberi (XLVI, 8), nomme l'appel commune auxilium. Dès lors l'intercessio per-dait toute raison d'être, aussi ne la trouvons-nous pas dans les textes des jurisconsultes classiques ; elle fut

tuant d'une façon générale contre les sentences injustes de Verrès. « Alia judicia Lilybei, alia Agrigenti, alia Palormi, restituta sunt. »

remplacée par l'appel. Une raison décisive, c'est que le terme même d'appel (appellatio) désignait, dans le droit antérieur, le fait de solliciter l'intercessio (1).

Quant à la revocatio in duplum, elle ne disparut pas complètement comme on pourrait le croire (Paul, V, 5 A, 7 a, 8. — L 1 pr., XLIX, 8. — L. 11, de transact., II, 15). Ces divers textes nous disent, en effet, dans les hypothèses où elle s'appliquait, que la sentence attaquée sera annulée (rescinditur), sans qu'il soit besoin d'appeler. Mais, d'un autre côté, on pouvait user de l'appel dans ces mêmes hypothèses, et certains textes nous montrent cette voie de recours employée (L. 19, de app., XLIX, 1.—L. 41, fam. recis., X, 12), dans le but de faire déclarer la nullité d'une sentence contra jus, c'est-à-dire: contra leges, vel senatus consultum, vel constitutiones.

La constitution du droit d'appel modifia le fonctionnement de l'in integrum restitutio, en reculant le moment où cette voie de recours put intervenir.

Nous avons dit que le préteur n'employait l'auxilium extraordinarium de la restitutio qu'à défaut de tout autre moyen, et contre une décision judiciaire valable au fond et régulière en la forme, c'est-à-dire passée en force de chose jugée (res judicata), « res judicata dicitur quæ finem controversarium pronuntiatione judicis accepit ». (L. 1, de re judicata.) Dans l'ancien droit, l'instance étant unique, la décision du juge qui y mettait fin, avait le caractère de chose jugée définitivement, pourvu qu'elle ne fût pas entachée de nullité (L. 4, § 3, de re judicata);

---

(1) Savigny, § 285, appendice XV.

l'in integrum restitutio pouvait donc être immédiatement sollicitée. L'organisation de plusieurs instances superposées eut pour conséquence, que la décision du premier juge n'eut plus ce caractère de chose jugée, ou du moins ne l'eut plus qu'exceptionnellement, après un certain laps de temps, lorsqu'on avait laissé passer le délai pour interjeter appel sans user de ce droit. Sinon la décision rendue par le juge supérieur, après l'épuisement de toutes les instances, était seule dite passée en force de chose jugée; (l'expression de res judicata s'opposait à celle de sentencia, désignant spécialement les autres décisions).

La res judicata pouvait seule être attaquée par la voie de l'in integrum restitutio. Cela résulte notamment de la rubrique du titre 27, liv. II, C. : Si adversus rem judicatam restitutio postuletur, et de la règle posée dans la loi 16 pr. de minorib. (IV, 4) : In causæ cognitione etiam hoc versabitur, num forte alia actio possit competere citra in integrum restitutionem, nam si communi auxilio et mero jure munitus sit, non debet ei tribui extraordinarium auxilium. Or, l'appel est qualifié « commune auxilium » dans la Loi 3, § 1 (XLVI, 8).

Ainsi, une première différence entre l'appel et l'in integrum restitutio, c'est que celle-ci n'est recevable que lorsque l'appel n'est plus possible.

Une seconde différence plus importante tient au but de chacune de ces institutions, et c'est ce qui explique pourquoi, l'in integrum restitutio n'a pas été entièrement absorbée par l'appel. Cette différence capitale nous est signalée par la Loi 17, de min. (IV. 4), qui contient une comparaison entre ces deux voies de recours : « Appel-

latio quidem iniquitatis sententiæ querellam, in integrum
vero restitutio erroris proprii veniæ petitionem vel adversarii circumventionis allegationem continet. »

L'appel portait sur la partie injuste du jugement (ini-
quitas sententiæ) ; or, dans l'intérêt même des justiciables,
il était essentiel de limiter le droit d'appel, sans quoi les
droits de chacun fussent restés indéfiniment dans l'incertitude, chaque juge réformant à son tour la sentence
du juge antérieur.

L'in integrum restitutio, au contraire, est motivée par
l'imprévoyance de celui qui réclame (erroris proprii), ou
par un préjudice que lui cause frauduleusement son adversaire (adversarii circumventionis). Cette imprévoyance ou ce préjudice aurait pu être réparé en appel,
car cette voie de recours était générale, mais si nous supposons que pour un motif ou pour un autre cela n'a pas
été fait, l'in integrum restitutio permettait de donner sa-
tisfaction à l'équité ; son intervention se justifiait, parce
qu'elle ne soulevait aucune question de droit, parce que
l'injustice, qu'elle tendait à réparer, provenait non du fait
des juges, mais de la faute d'une des parties (1).

Cette différence entre l'appel et l'in integrum restitutio
a fait dire à un auteur allemand moderne (2), que, au
moyen de l'appel on faisait valoir l'injustice objective du
jugement et au moyen de l'in integrum restitutio son injustice subjective. On peut caractériser les deux institu-

(1) A ce point de vue l'in integrum restitutio rappelle la requête
civile en droit français
(2) Bethmann-Hollweg. Geschichte Römischen Recht, t. II,
p. 714, note 18.

tions d'une façon moins abstraite en disant que l'appel corrige l'injustice du jugement, eu égard à la loi ; la restitutio in integrum, la rigueur de la loi, eu égard aux faits de la cause.

La restitutio in integrum diffère enfin de l'appel, quant au magistrat qui en connaît. L'appel doit, en effet, être porté devant un magistrat supérieur à celui qui a rendu la précédente sentence ; la restitutio in integrum peut être prononcée contre un jugement par le magistrat qui l'a rendue (L. 16, § 5. — L. 42, IV, 4). Voilà pourquoi la restitutio in integrum peut être accordée contre les décisions du préfet du prétoire, lesquelles ne pourraient être frappées d'appel, ce magistrat occupant la première place dans la hiérarchie judiciaire. On remarquera d'ailleurs que cette dernière différence entre l'appel et la restitution n'est que la conséquence de celle examinée précédemment (L. 17, de minor., IV, 4).

La restitutio in integrum étant bien nettement distinguée des autres voies de recours, il nous reste à passer rapidement en revue les caractères de l'institution.

Nous savons déjà qu'elle implique à la fois un préjudice résultant de la sentence attaquée, — lésion, disent les Romains — et l'absence de tout autre moyen pour le réparer ; mais, à la différence de la revocatio in duplum et de l'intercessio, elle peut s'appliquer indifféremment à des jugements d'absolution ou de condamnation.

Nous avons dit précédemment que la restitution doit être demandée au magistrat revêtu de l'imperium ; lui seul l'accorde après examen pour un motif par lui déterminé. Ces motifs, à l'origine sans doute très nombreux, le préteur finit par les énumérer limitativement dans son édit.

Cette causæ cognitio qui appartient au préteur a fait qualifier la restitution d'acte de grâce par quelques auteurs modernes, entre autres Burchardi (1). La conséquence, c'est que le préteur, même après avoir constaté que toutes les conditions prescrites par l'édit sont remplies, demeurerait toujours libre de refuser la restitution. Mais cette opinion est vivement combattue par d'autres auteurs (2), à l'avis desquels nous nous rangerons, sans entrer dans le détail de la controverse. La dénomination de grâce, appliquée à la restitutio in integrum, peut, en effet, conduire à des conséquences inexactes. A l'origine, sans doute, le préteur se réservait le droit de prononcer la restitution lorsqu'il le jugerait convenable ; mais en précisant dans son édit les causes pour lesquelles il l'accorderait, il s'enleva le pouvoir de la refuser, lorsque les conditions prescrites seraient remplies. La cognitio prætoris se bornait alors à rechercher simplement, si ces conditions existaient réellement. Si l'on admet que tels sont bien les pouvoirs du préteur à l'époque classique, la question de savoir si la restitution est, ou non, un acte de grâce, se réduit à une pure question de mots (3).

Une fois prononcée, la restitutio in integrum fait entièrement disparaître le jugement, replace respectivement les parties dans l'état juridique, qu'elles avaient avant d'engager la première instance, et leur restitue les droits

---

(1) Burchardi. Von der Wiedereinsetzung in den vorigen Stand, cité par M. Stædtler. De la restit. en droit prétorien.

(2) Puchta. Pand., § 100, note c.

. (3) Savigny, § 317.

et actions dont elles jouissaient à ce moment. Voilà l'effet propre à la restitution; l'organisation d'une nouvelle instance (judicium restitutorium), la nomination d'un juge, chargé de la trancher par une nouvelle sentence, tout cela n'est que la conséquence de la restitution aux parties des actions, que la première instance avait éteintes et que la restitutio in integrum a fait revivre; c'est donc à cette annulation d'une décision judiciaire valable, que se borne l'effet de la restitutio in integrum.

C'est par là qu'elle rappelle l'arrêt de cassation en droit français ; et il est curieux de relever cette similitude d'effets entre deux institutions si opposées par leurs motifs et par leur but. La restitution, accordée en droit romain dans une pensée d'équité, transgresse la loi, que la cassation a chez nous pour objet de faire respecter.

Il est vrai que cette violation de la loi ne s'opère pas ouvertement ; le préteur, fidèle à sa manière de procéder (corrigendi juris civilis gratia), construit sa théorie à côté et comme parallèlement au droit civil. De même que la bonorum possessio ne conférait pas le droit de propriété, au sens strict du mot, la restitutio in integrum n'opère pas un rétablissement véritable, mais la simple fiction de ce rétablissement (1).

Le préteur laissait subsister la sentence rendue, se contentant d'en paralyser les effets, en en refusant l'exécution, puis il délivrait aux parties toutes les actions qu'elles avaient antérieurement, sous le nom d'actions fic-

(1) Kuntze l'appelle même le contre-pied de la réalité. (Das Gegentheil der Wirklichkeit.) Excurse über Römischen Recht, p. 407.

tices, ce qui permettait une nouvelle instance (judicium restitutorium).

Après avoir ainsi passé en revue tous les caractères constitutifs de la restitutio in integrum, envisagée comme voie de recours contre les jugements, nous pouvons la définir: L'annulation, prononcée par le magistrat compétent, pour des motifs spécialement déterminés, d'une sentence pleinement valable au regard du droit, mais causant un préjudice contraire à l'équité ; annulation qui a pour effet de rétablir les parties dans les droits qu'elles avaient respectivement avant l'instance.

Arrivons maintenant à l'étude détaillée des conditions et des effets de la restitution. Voici l'ordre que nous nous proposons de suivre.

Dans un chapitre premier, nous nous occuperons des conditions de fond qui doivent se trouver réunies pour que la restitution soit accordée.

La première condition exigée est l'existence d'un préjudice causé par la sentence contre laquelle on demande la restitution ; il faut, en second lieu, qu'on puisse invoquer un motif de restitution, une *justa causa*, en d'autres termes, que la cause du préjudice soit au nombre de celles pour lesquelles le préteur promet la restitution dans son édit. Enfin, il faut que, dans l'espèce, la restitution ne soit pas prohibée par une exception formelle.

Dans un deuxième chapitre, nous traiterons des conditions de forme, c'est-à-dire, de la procédure à suivre pour demander et obtenir la restitution.

Les effets de la restitution prononcée feront l'objet d'un troisième chapitre, et nous consacrerons un appendice à

l'étude de l'in integrum restitutio, employée en droit canonique comme voie de recours contre les jugements.

Avant d'entrer dans l'examen détaillé des diverses conditions de la restitution, une observation qui les vise
toutes doit trouver ici sa place. Dans le cours de cette
étude, nous n'avons à nous occuper que de la restitution
délivrée contre une décision judiciaire, seulement, comme
nous avons déjà eu l'occasion de le faire remarquer, la
restitutio in integrum est une institution plus générale
qui embrasse dans son application tous les actes juridiques ; pour déterminer la nature des diverses conditions
de la restitution appliquée aux jugements, nous serons
donc obligé de recourir à des textes d'une portée générale, sauf à les restreindre ou à les écarter lorsqu'un
texte spécial aux jugements y fera exception.

CHAPITRE PREMIER.

CONDITIONS DE FOND.

PREMIÈRE CONDITION. – Lésion.

Toute personne, qui veut obtenir la restitutio in integrum contre un jugement, doit, en premier lieu, justifier d'une lésion, d'un préjudice à elle causé par ce jugement.

Peu importe la qualité du réclamant, qu'il soit majeur ou mineur de vingt-cinq ans, les uns comme les autres ne peuvent obtenir la restitution, si ce n'est pour réparer une lésion. Il ne faut pas cependant assimiler de tous points le mineur au majeur sous le rapport de la lésion ; tous deux ont besoin de prouver qu'ils éprouvent un préjudice pour se faire restituer, mais leur situation est différente, quant aux caractères que doit présenter le préjudice qu'ils invoquent.

Il va de soi, tout d'abord, que la lésion invoquée doit exister réellement. En supposant cette existence constatée, la lésion ne motivera la restitution qu'autant qu'elle sera manifestement injuste ; c'est, en effet, seulement alors que la nécessité d'une protection de la loi se fait sentir. En conséquence, la lésion ne doit pas résulter d'une faute commise par la personne lésée, car dans ce cas celle-ci ne peut s'en prendre qu'à elle-même. C'est

ainsi que dans la Loi 1, § 6, quod falso tut. (XXVII, 6)
nous voyons que le demandeur, qui a agi en justice contre
un pupille assisté d'un faux tuteur, se trouve lésé, car le
jugement qu'il a obtenu n'engage pas le pupille, et d'un
autre côté, par la litis contestatio son action primitive
est éteinte; il demande la restitutio in integrum. Que dit
la loi? « Ait prætor : si id actor ignoravit, dabo in integrum
restitutionem. Scienti non subvenit, merito quoniam ipse
se decepit. »

Toutefois, les impubères et les mineurs, par exception
à ce principe, sont restitués contre un préjudice causé
par leur faute ou leur négligence (1); nous en verrons des
exemples, lorsque dans un instant nous nous occuperons
des mineurs de vingt-cinq ans.

La lésion doit-elle être positive? en d'autres termes
doit-elle consister en une diminution de fortune, ou bien
la simple privation d'un gain peut-elle être considérée
comme une lésion? C'est la distinction du damnum emergens et du lucrum cessans qui se pose.

L'édit du préteur ne s'explique pas sur ce point, et
parle d'une lésion en général. Il y eut peut-être doute à
l'origine sur la règle à suivre, mais les textes des jurisconsultes classiques ne permettent pas de douter que la
lésion purement négative, simple privation d'un gain,
fût suffisante pour obtenir la restitution.

Les textes sont formels, pour les majeurs comme pour
les mineurs; il n'y a donc pas lieu de distinguer entre
eux comme certains auteurs modernes l'ont fait. Les

_____

(1) L. 44, de minor., IV, 4.

textes, que nous allons citer, s'expriment en termes généraux, bien que ne visant pas spécialement les jugements ;
il ne faut donc pas hésiter à les leur appliquer ; il n'y a
d'ailleurs aucune raison pour s'y refuser.

Pour les mineurs, L. 7, § 6, de minoribus (IV, 4) :
« Hodie certo jure utimur ut et in lucro minoribus suc-
curratur » ; L. 44, eod. : « Aut quod habuerunt amiserunt
aut quod adquirere emolumentum potuerunt omiserunt.

Pour les majeurs, la Loi 27, in quib caus. maj. (IV, 6),
n'est pas moins explicite : « Sive quid amiserit, vel lucra-
tus non sit. »

Ce système est parfaitement rationnel, et on comprend
que la distinction, souvent subtile, entre le lucrum cessans
et le damnum emergens, ait été repoussée par les jurisconsultes romains, en présence des difficultés pour l'établir en pratique.

Mais la règle ainsi posée doit subir une restriction indiquée par différents textes. La restitution sera refusée,
lorsque l'enrichissement, qui peut en résulter, doit causer
un dommage direct, une diminution positive de la fortune
d'autrui. C'est ce qui se produit à l'égard des actions purement pénales : « Auxilium in integrum restitutionis
executionibus pœnalibus paratum non est, ideoque inju-
riarum judicium semel omissum repeti non potest. » (L. 37,
pr., de minoribus.)

Il devrait, à plus forte raison, en être de même si la restitution était sollicitée par un majeur de vingt-cinq ans ;
nous avons d'ailleurs pour lui un texte spécial. L. 18, quib.
caus. maj. (IV, 6) : « Sciendum est, quod in his casibus
restitutionis auxilium majoribus damus, in quibus rei

Aubert.   2

dumtaxat persequendæ gratia queruntur, non cum et lucri faciendi ex alterius pœna vel damno auxilium sibi impertiri desiderant. »

Mais cette exception, qui s'explique aisément par l'extrême rigueur des actions pœnæ persecutoriæ, ne fait que confirmer l'exactitude du principe général, qui n'admet aucune distinction entre le damnum emergens et le lucrum cessans.

Reste une dernière question sur la lésion : doit-elle être importante? Le texte de l'édit parle de lésion en général sans s'expliquer sur l'étendue qu'elle doit présenter; aussi les interprètes sont-ils divisés sur la solution à donner.

Nous croyons que l'appréciation de la lésion était laissée entièrement à l'arbitrium du magistrat, lequel tenait compte sans doute de l'état de fortune du demandeur, mais considérait surtout si le dommage causé par la restitution accordée ne dépasserait pas la lésion qu'il s'agissait de réparer. C'est l'opinion de Callistrate, L. 4, de in integr. rest. (IV, 1) : « Scio illud a quibusdam observatum, ne propter satis minimam rem vel summam, si majori rei vel summæ præjudicetur, audiatur is qui in integrum restitui postulat. » Ainsi comprise, la lésion nécessaire pour motiver la restitution était toute relative et devait varier beaucoup d'importance suivant les espèces ; cette considération donne l'explication de certains textes qui, comme la loi 9 pr., de minor., exigent une lésion très importante « damnum grande » dans des hypothèses spéciales et exceptionnelles. (1). »

_____

(1) Dans la loi 9 pr., de minor., il s'agit d'un mineur de vingt-cinq ans.

Ces textes exceptionnels sont tous relatifs aux mineurs de vingt-cinq ans, et pour eux la nécessité d'une lésion importante, plus importante probablement que pour les majeurs, est motivée par une raison spéciale : la crainte de ruiner leur crédit; personne ne voulant plus contracter avec eux, si la restitution leur était trop facilement accordée. Comme le dit Paul, L. 24, § 1, de minor. : « Ne magno incommodo hujus ætatis homines adficiantur, nemine cum his contrahente et quodammodo commercio eis interdicetur. »

Mais il semble, dira-t-on, que le même danger fût à craindre pour les majeurs? Nullement, parce que pour ces derniers les causes de restitution sont de beaucoup moins nombreuses. Ceci nous amène à parler des causes ou motifs de restitution (justæ causæ), c'est la deuxième des conditions requises pour obtenir la restitutio in integrum.

DEUXIÈME CONDITION. — Motifs de restitution.

Il ne suffit pas, pour obtenir l'in integrum restitutio contre une décision judiciaire, passée en force de chose jugée, de prouver qu'elle est la source d'un préjudice

qui a obtenu restitution contre un jugement, après que quelques-uns de ses biens ont été saisis en exécution de cette sentence (pignus ex causa judicati captum), et vendus publiquement. Le mineur recevra certainement l'argent provenant de la vente ; mais il aurait intérêt à obtenir restitution contre la vente elle-même si les biens n'ont pas été vendus à leur juste valeur. Le jurisconsulte Ulpien pense que cette restitution ne peut être accordée que si « grande damnum sit minoris ».

injuste, il faut de plus, que la cause de cette injustice soit
au nombre de celles pour lesquelles le préteur promet la
restitution. Cette voie de recours étant extraordinaire, et
dérogeant aux principes fondamentaux du droit, en méconnaissant l'autorité de la chose jugée, nécessitait pour
son application une injustice particulièrement anormale.
Ce sont les différentes causes de cette injustice, de nature
à motiver la restitution, qui sont appelées pour cette raison les motifs de restitution.

A l'origine de l'in integrum restitutio, il est probable
que le préteur examinait dans chaque hypothèse, qui lui
était soumise, les circonstances dans lesquelles le préjudice s'était produit, et décidait arbitrairement s'il mé-
ritait l'emploi de la restitutio in integrum. Peu à peu, il
prit l'habitude de désigner à l'avance, dans son édit, les
causes pour lesquelles il accordait le plus habituellement
la restitution; avec le temps cette énumération devint
limitative. Il en était ainsi à l'époque classique, époque à
laquelle nous devons plus particulièrement nous reporter
pour étudier la restitution.

Examinons donc les motifs de restitution contenus dans
l'édit du préteur, en observant seulement que ces motifs
sont identiques, qu'il s'agisse de la restitution d'un jugement ou de celle d'un autre acte juridique quelconque.

Ulpien nous dit dans son commentaire sur l'édit du
préteur, L. 1, de in integr. rest. (IV, 1) : « ... Sub hoc
titulo plurifariam prætor hominibus vel lapsis vel cir-
cumscriptis subvenit, sive metu, sive calliditate, sive
ætate, sive absentia inciderunt in captionem. » L'énumération continue dans un fragment des Sentences de Paul,

inséré à la suite du texte d'Ulpien : « Sive per status mutationem aut justum errorem. »

Si nous rapprochons cette énumération des rubriques des titres II à VII du livre IV, qui en sont le commentaire, nous constatons une nouvelle cause de restitution : l'alienatio judicii mutandi causa facta, tandis que la justus error est omise.

L'alienatio judicii mutandi consistait dans le fait, pour un plaideur qui avait un procès à soutenir, de substituer un tiers en son lieu et place. Il pouvait résulter de ce changement une situation défavorable pour la partie adverse; un surcroît de dépenses, par exemple, si la personne substituée était domiciliée dans une province plus éloignée; la partialité du juge était même à redouter, si le nouvel adversaire jouissait d'un plus grand crédit que l'ancien (L. 1, § 1, de alien. jud. mut., IV, 7).

Pour remédier à ce dommage, le préteur, au témoignage de Gaius (L. 3, § 4, de alien. jud.), usait de l'in integrum restitutio lorsque la substitution avait été opérée dans une pensée de fraude. En dépit des expressions employées par Gaius, nous ne pouvons voir dans l'alienatio judicii une véritable cause de restitutio in integrum; on reconnaît en effet, en lisant le fragment précité, qu'il s'agit, en réalité, d'une action en dommages-intérêts pour réparation purement matérielle du préjudice causé. Peut-être sommes-nous en présence d'une ancienne cause de restitution, qui s'est transformée avec le temps en un autre moyen de droit, tout en conservant sa dénomination primitive. Une loi de Dioclétien (L. un. C., de alien. jud. mut.,

II, 55) peut, dans une certaine mesure, venir à l'appui de cette supposition (1).

Ce que nous venons de dire de l'alienatio judicii, nous pouvons le répéter à propos de la status mutatio. Elle avait perdu, à l'époque classique, le caractère de cause de restitution proprement dite, qu'elle avait originairement. En pareil cas, la restitution avait pour but de faire revivre, au profit d'une personne dont la condition juridique avait été modifiée par une capitis diminutio, les rapports de droit que ce changement avait anéantis. Dans quelques hypothèses spéciales, ce résultat fut obtenu par des moyens particuliers; dans les autres, la restitution était d'un usage si constant et si évident qu'elle devint une véritable règle de droit, toujours applicable, en l'absence de cognitio prætoris et sans aucune limite quant au délai pour la solliciter.

Les causes de restitutio in integrum proprement dites se réduisent donc à cinq : la crainte ou violence, le dol, la minorité, l'absence et l'erreur.

Il faut tout d'abord faire une place à part aux mineurs de vingt-cinq ans (minor ætas). Pour eux, en effet, une juste cause de restitution n'est pas nécessaire, ou plutôt c'est leur âge qui en tient lieu. La restitutio in integrum est, pour toute cette catégorie de personnes, un moyen général pour obtenir la réparation du préjudice par eux éprouvé. Les autres causes de restitution concernent les majeurs, qui doivent établir, s'ils veulent obtenir la res-

(1) Cfr. Savigny, § 316.

titution, que l'injustice dont ils souffrent résulte d'une de
ces causes.

Occupons-nous d'abord des mineurs de vingt-cinq ans.

§ 1. — *Mineurs de vingt-cinq ans.*

La restitution des mineurs de vingt-cinq ans appartient
à cet ensemble de mesures imaginées pour protéger contre les conséquences de leurs actes ceux que leur inex-
périence des affaires rendait dignes de cette faveur.

Dans les dernières années de la République, la lex
Pletoria marque le premier pas fait dans cette voie, en
organisant une action publique et infamante, contre qui-
conque aurait usé de dol dans ses rapports avec un
individu âgé de moins de vingt-cinq ans.

Au moyen de l'in integrum restitutio, le préteur répa-
rait le préjudice éprouvé par le mineur, indépendamment
de toute fraude de son co-contractant. Vers quelle époque
l'édit du préteur promit-il cette restitution? La question
est incertaine. On peut présumer que ce fut postérieurement à la restitutio ob dolum; car Cicéron, qui parle de
cette dernière, ne mentionne nulle part la restitution des
mineurs, et cette supposition semble confirmée par l'ordre
dans lequel ces deux motifs de restitution sont rapportés
au Digeste. Cependant la restitution des mineurs paraît
dater d'avant l'empire, puisque la Loi 45 pr., de minoribus, cite l'opinion du jurisconsulte Labéon à propos de
cette restitution.

La restitutio in integrum était accordée au mineur de
vingt-cinq ans, quel que fût l'acte juridique qui lui préju-

diciait; l'hypothèse où le mineur se plaint d'une décision judiciaire doit seule nous occuper.

En principe, le préteur délivre la restitution si le réclamant justifie :

1° Que le jugement qu'il attaque lui a fait éprouver une lésion ;

2° Qu'au moment où le jugement est survenu, il était encore mineur. Dans quelques cas exceptionnels, cependant, le bénéfice de la restitution sera refusé; nous déterminerons un peu plus loin ces hypothèses; pour le moment, constatons que la restitution était d'une application générale au profit des mineurs. C'est ce caractère qui a fait dire à quelques auteurs (1), qu'à l'égard de toute cette catégorie de personnes, la restitution était un équivalent de l'appel.

Cette opinion s'autorise d'un passage d'Ulpien, L. 42, de minor., ainsi conçu : « Quod enim appellatio interposita majoribus præstat, hoc beneficio ætatis consequuntur minores ». Si l'on veut marquer par là que l'in integrum restitutio était au profit des mineurs de vingt-cinq ans d'un usage aussi général, aussi facile, que l'appel pour les majeurs, — c'est là, croyons-nous, le sens du texte précité —, l'idée est juste, et nous l'adoptons sans difficulté ; mais, ce que nous ne pouvons admettre, c'est qu'on prétende en tirer comme conséquence, que la restitution remplaçait complètement l'appel pour les mineurs, de sorte que ceux-ci pourraient solliciter la restitution même dans les délais pour interjeter appel. Cette

_____

(1) Bethmann-Hollweg. Geschichte Römischen Recht, t. II, p. 716.

opinion se heurte, en effet, aux textes du Digeste, qui déclarent expressément que la restitution ne sera accordée aux mineurs qu'à défaut de tout autre moyen de recours (L. 16 pr., de minor.). Cela suppose évidemment que l'appel n'est plus recevable.

Le mineur de vingt-cinq ans, pour obtenir la restitutio in integrum, doit commencer par établir que la décision judiciaire qu'il attaque lui cause une lésion. Nous n'avons pas à revenir sur ce que nous avons dit précédemment sur la nature de cette lésion; on peut citer, à titre d'exemple de préjudice résultant pour un mineur d'un jugement, les deux hypothèses rapportées dans la Loi 18, § 1, de minor : « ... Qui per infirmitatem ætatis captum « se dicat dum ea quæ pro causa sunt dicta non allegat, « vel ab advocatis proditum quæratur », c'est-à-dire que le mineur allègue qu'il n'a pas dit les choses qui forment le fond du procès, ou se plaint d'avoir été trahi par les avocats.

Mais un jugement de condamnation, intervenu dans une affaire concernant un mineur, ne pourra être rescindé, au moyen de la restitution, qu'autant que le préjudice qui en découle retombe sur le mineur lui-même. Ceci nous permet d'expliquer la solution contenue dans la Loi 46, de minor.

C'est un tiers qui, en dehors de toute participation du mineur, s'est offert pour défendre en justice ce dernier; une condamnation est prononcée contre lui. Paul, dans la loi précitée, nous dit que le gérant d'affaires pourra être actionné par l'action judicati, sans avoir la ressource

d'invoquer l'in integrum restitutio à raison de la minorité
de l'individu au nom duquel il a été condamné.

Par application de la même idée, Ulpien décide que, si
le mineur de vingt-cinq ans est un fils en puissance paternelle, et que la condamnation intervenue contre lui autorise une poursuite contre le père de peculio, celui-ci
ne peut invoquer la restitutio in integrum (L. 3, § 4, de
minor.). Le jurisconsulte justifie cette solution en observant que, bien que la conservation du pécule intéresse le
fils de famille, on peut dire que le préjudice résultant de
la poursuite est principalement à la charge du père, parce
que le pécule « magis patris quam filii interest ».

Mais la situation change d'aspect si nous supposons
qu'au lieu du père, le créancier poursuive le fils. Ce dernier peut-il obtenir la restitution à raison de son âge? Il
résulte du fragment que nous venons de citer (L. 5, § 4,
de minor.), que la question était controversée. Quelques
jurisconsultes objectaient qu'accorder la restitution en
pareil cas, c'était en faire profiter indirectement les pères
de ces mineurs, c'est-à-dire des majeurs, ce qui évidemment n'était pas la pensée du prêteur en imaginant la
restitutio in integrum pour minorité.

Ulpien, qui rapporte la controverse, se prononce pour
l'opinion contraire, qui est plus conforme à l'idée fondamentale de l'in integrum restitutio : désir de protéger les
mineurs de vingt-cinq ans dans toutes les circonstances
où leurs intérêts seront compromis. En conséquence, le
jurisconsulte décide que le mineur de vingt-cinq ans, fils
de famille : « auxilium restitutionis impetrare debebit, si
ipse conveniatur. »

Voici maintenant une difficulté, que soulève le rapprochement du texte d'Ulpien, dont nous venons de nous occuper (L. 3, § 4), avec la Loi 27 pr. du même titre, empruntée au commentaire de Gaius sur l'édit provincial. Gaius nous dit : le père de famille peut obtenir la restitution pour son fils (pro filio) « licet filius restitui nolit », parce que l'intérêt du père, tenu de peculio, se trouve engagé. Dans la loi 3, § 4, Ulpien, sur la même hypothèse, exprime une opinion toute différente : « An hoc auxilium (restitutionis) patri quoque prosit, ut solet interdum fidejussori ejus prodesse, videamus et non puto profuturum. Si igitur filius conveniatur, postulet auxilium : si patrem conveniat creditor, auxilium cessat. » Ainsi, d'une part, nous voyons que le père peut demander la restitution au nom de son fils, même contre le gré de ce dernier (L. 27, pr.), et d'autre part, nous trouvons cette restitution refusée au père actionné de peculio, à la différence du fidéjusseur, qui, pour se libérer de son obligation accessoire, peut invoquer l'in integrum restitutio du chef du débiteur principal, mineur de vingt-cinq ans (L. 3, § 4). Les deux textes de Gaius et d'Ulpien sont évidemment contradictoires.

Pour expliquer le désaccord des deux jurisconsultes, on a suggéré l'idée que la solution de Gaius était sans doute primitivement admise ; puis qu'il y avait eu un revirement dans la doctrine, qui avait abouti à la décision présentée par Ulpien. Ce qui rend cette supposition assez plausible, c'est qu'un passage du texte d'Ulpien fait effectivement allusion à un dissentiment dans la doctrine des auteurs antérieurs. Quoi qu'il en soit, de toutes les explications présentées, celle-ci nous semble la plus vraisemblable.

L'existence d'un préjudice à la charge du mineur de vingt-cinq ans est donc une condition nécessaire de la restitutio in integrum. Il faut de plus établir que le jugement préjudiciable a été rendu, alors que la partie lésée n'avait pas vingt-cinq ans révolus. Ceci résulte d'une loi du Code, Loi 1, si adv. rem jud.(II, 27), qui se place dans l'hypothèse spéciale d'une instance engagée entre le mineur et son ex-tuteur par l'action tutelæ directa, et décide : « S tempore judicii minores annis fuistis et nunc beneficium ætatis vobis largitur. Ceterum si post legitimam ætatem sententia prolata est, iterato eamdem actionem de iisdem speciebus inferre non potestis. » Il faut évidemment généraliser cette solution et l'appliquer à une sentence judiciaire quelconque. Mais une fois cette condition remplie, l'in integrum restitutio pourra être sollicitée et accordée après l'expiration de la minorité, pourvu qu'on soit encore dans les délais prescrits pour intenter cette demande. L. 39 pr., de minor. (IV, 4).

Particularité importante à noter, parce qu'elle montre l'extrême faveur dont sont entourés les mineurs de vingt-cinq ans, l'assistance de son tuteur, si le mineur est encore impubère, de son curateur, s'il a passé cet âge, ne lui enlève pas le droit de demander la restitution contre le jugement qui lui est défavorable : « Minoribus annis viginti, etiam in his quæ, præsentibus tutoribus vel curatoribus in judicio vel extra judicium, gesta fuerint, in integrum restitutionis auxilium supcresse, si circumventi sunt, placuit. » (L. 2, C., si tutor. vel cur. interv., II, 25.) La Loi 4, C., si adv. rem jud., dit de même : « Nam si

justa defensione tutorum vel curatorum vobis adsistente
aliquid statutum est, intelligitis in integrum restitutionis
auxilium vobis esse necessarium, eodem obtinente etiam,
si per procuratorem vestrum legitime ordinatum lis agi-
tata est. »

Si nous supposons réunies les deux conditions précédentes, l'in integrum restitutio sera en principe accordée.
Mais à cette règle générale nous rencontrons dans les
textes un certain nombre d'exceptions motivées par des
considérations spéciales ; ce sont ces exceptions que
nous devons maintenant examiner.

Un premier groupe d'exceptions se justifie par le fait,
que le mineur s'est rendu indigne du bénéfice de la restitution.

C'est ainsi que la restitution est refusée au mineur qui
a usé de dol envers son adversaire, soit avant, soit pendant le procès. Comme exemple de ce dol, les textes nous
indiquent l'hypothèse où le mineur de vingt-cinq ans s'est
fait passer pour majeur. L. 2, C., si min. se maj. dix.
(II, 43). La perte de l'auxilium restitutionis est la juste
punition de sa fraude. Mais quid s'il y a eu dol de part et
d'autre? Les fautes respectives se balancent ; il semble
qu'alors le mineur doit recouvrer la protection méritée
par son jeune âge.

Cette même idée de l'indignité de l'individu à protéger
pourrait à elle seule expliquer que la restitution soit refusée au mineur, comme à toute autre personne, contre les
conséquences de son délit. (L. 9, § 2, de minor., IV, 4.)
Pour le mineur, ce refus se justifie de plus par la considération spéciale, qu'à l'égard des délits et de la respon-

sabilité pénale, il est complètement assimilable à un majeur et par suite perd le bénéfice de la minorité.

Toutefois, il faut se garder d'exagérer la portée de cette dernière règle ; la Loi 9, § 2, in fin., de min., y apporte un tempérament. Le mineur poursuivi en justice par l'action legis Aquiliæ, à raison d'un dommage qu'il a causé à autrui (damnum injuria datum), voit la condamnation croître au double s'il nie le fait reproché (Inst., § 7, de oblig. q. ex contr., III, 27 ; L. 2, § 1 ; L. 33, § 10, ad leg. aq.). La négation est frauduleuse ; cependant le mineur de vingt-cinq ans condamné, à raison de ce fait, in duplum, pourra obtenir la restitutio in integrum contre cette aggravation de peine ; mais il devra supporter la condamnation au simple, réparation de son damnum. C'est ce que dit la loi précitée, 9, § 2 : « Si (minor) damnum injuria dedit, non ei subvenietur. Sed si cum ex damno dato confiteri possit ne dupli teneatur, maluit negare, in hoc solum restituendus sit ut pro confesso habeatur. »

Il est facile d'expliquer cette décision. En effet, la justice est satisfaite du moment que l'adversaire du mineur obtient une réparation complète du préjudice éprouvé ; il est vrai qu'une chance de gain lui est enlevée, mais ce gain est une cause de perte pour le mineur, qui s'y est peut-être exposé dans l'ignorance du droit et des risques qu'il encourait ; la situation de ce dernier est donc plus intéressante que celle de son adversaire, il était équitable de venir à son secours.

Voici une autre hypothèse, où nous voyons le mineur relevé des conséquences d'une condamnation judiciaire encourue par sa faute ; ici encore la délivrance de l'in

integrum restitutio est motivée par l'ignorance des règles
du droit dans laquelle les mineurs sont présumés se
trouver.

La loi 8, de min., nous fournit l'espèce : « Minor etiam
si quasi contumax condemnatus sit, in integrum restitutionis auxilium implorabit. » Cette disposition a trait à
une particularité de la procédure formulaire. Le défaut
de l'une des parties, lorsqu'il se produisait après la litis
contestatio, n'était pas un obstacle absolu à la solution
de l'affaire; celle-ci était seulement retardée. Pour que
la procédure reprît son cours, il fallait que la partie présente obtînt du magistrat qui avait délivré la formule, la
publication de trois édits, se succédant à dix jours d'in-
tervalle, et portant que, si l'absent ne se représente pas
dans un délai déterminé, la cause n'en sera pas moins
examinée et jugée. L'absent qui ne reparaissait pas dans
le délai était dit contumax et, après une simple citation
à lui notifiée, le procès reprenait sa marche définitive
(LL. 68 à 71; L. 73 pr., de jud., V, 1; L. 53, §§ 1 à 3, de
re jud., XLII, 1). La contumacia représente donc une déso-
béissance inexcusable ; aussi avait-elle, en dehors du
gain du procès, qui échappait le plus souvent au dé-
faillant (1), une sanction particulière : le contumax per-
dait tout droit de recours contre la sentence (pour la revocatio in duplum : Sent. Paul, V, 5ᵉ, § 7; pour l'appel :
L. 73, § 3, de jud.; L. 1, C., quor. app. non recev., VII, 65).
C'est contre cette déchéance que la Loi 8, de min., décide

(1) Cette conséquence n'est pas forcée : L. 73 pr., de jud. ; L. 1,
C., quom. et quando jur. (VII, 43).

que le mineur contumax pourra être relevé au moyen de l'in integrum restitutio.

Le mineur de vingt-cinq ans, qui se plaint d'une décision judiciaire, se verra, en règle générale, refuser le secours de la restitution si son adversaire est lui-même mineur.

Les deux parties sont, en effet, dignes d'intérêt, et, comme pour satisfaire l'une, il faudrait causer un préjudice à l'autre, il est préférable de maintenir le fait accompli. La L. 34 de min., qui pose ce principe, y apporte une seule exception qui s'explique d'elle-même : la restitutio in integrum sera accordée au mineur qui éprouve une lésion, alors que son adversaire mineur réalise un bénéfice.

§ 2. — *Majeurs de vingt-cinq ans.*

La restitutio in integrum prend ici un tout autre aspect. Moyen général pour réparer la lésion éprouvée par un mineur, elle est pour les majeurs d'un emploi exceptionnel, lorsque le préjudice qui les atteint découle d'une des causes spécialement indiquées dans l'édit. En laissant de côté celles tombées en désuétude, les causes de restitution des majeurs sont au nombre de quatre : absentia, metus, dolus, justus error.

I. Absentia. — Des quatre causes de restitution, celle-ci était la plus fréquemment invoquée. A la fin de l'Empire c'est presque la seule dont les majeurs fassent usage.

C'est sans doute le motif pour lequel nous la trouvons seule rangée au Digeste sous la rubrique : Ex quibus causis majores viginti quinque annis in integrum restituuntur ; ce qui, pour le dire en passant, est assez incorrect.

L'absence peut causer un préjudice à un plaideur de plusieurs manières : suivant que c'est cette personne elle-même, son adversaire, ou le magistrat devant lequel l'affaire devrait être portée, qui se trouve absent.

De là, trois clauses différentes dans l'édit relatif à la restitution pour absence, chacune ayant trait à un des cas d'absence que nous venons de distinguer. Outre ces trois chefs, l'édit contenait une quatrième disposition, dite clausula generalis, venant compléter les trois clauses précédentes, et plus particulièrement celle qui prévoyait le cas où la partie qui sollicitait la restitution avait été absente.

Bien que le préjudice résultant de l'absence se produisît le plus souvent à l'occasion d'un procès (c'est, en effet, l'hypothèse que supposent la plupart des textes), il importe d'observer que, parmi les trois cas d'absence prévus dans l'édit, il en est deux dans lesquels la restitution ne pourra être dirigée contre un jugement, parce que le préjudice ne se manifestera pas sous cette forme : c'est lorsque la personne qui sollicite la restitution se plaint de l'absence, soit de son adversaire, soit du magistrat.

Si l'absence provient de l'adversaire, ou elle a rendu toute instance impossible (L. 23 pr., ex quib. caus. maj., IV, 6 ; L. 18, de in jus voc., II, 4), ou, si elle n'est survenue qu'après la litis contestatio, elle n'a pu exercer sur le

Aubert. 3

jugement intervenu aucune influence fâcheuse pour la partie présente.

Si c'est le magistrat qui a été absent, aucune sentence judiciaire n'a pu évidemment être prononcée.

L'absence de ces deux personnes pourra cependant causer un dommage au plaideur, par exemple en retardant l'exercice de son action, et même en la paralysant complètement, si l'action était temporaire et arrivait à expiration avant la fin de l'absence (L. 1, § 1, 26 pr., §§ 4 et 8, ex quib. caus. maj.). L'obtention de la restitution aura alors pour effet de faire revivre l'action éteinte et de permettre la poursuite (1).

Sans nous arrêter plus longuement à ces deux cas d'absence qui ne rentrent pas dans notre sujet, passons au troisième. C'est une personne qui a éprouvé un préjudice par suite de son absence; ce préjudice résulte, nous le supposons, d'une décision judiciaire. Pour que la restitutio in integrum puisse être accordée, il faut que la cause de l'absence soit au nombre de celles que l'édit déclare excusables. Parmi ces causes, les unes sont expressément indiquées; les autres sont sous-entendues dans la clausula generalis, qui a précisément pour but de permettre au préteur de suppléer aux lacunes de l'énumération précédente, et de délivrer la restitution lorsqu'il le jugera convenable (L. 6, § 9, ex quib. caus, maj.),

_____

(1) Justinien, L. 2, C., de ann. except. (VII, 40), permit de prévenir les déchéances résultant de l'absence de l'adversaire au moyen d'une protestation devant l'autorité judiciaire ou épiscopale. Mais cette loi n'a pas eu pour effet d'abolir la restitutio in integrum.

mais toujours pour des causes au moins analogues à celles nommément désignées.

Occupons-nous donc de ces dernières. Elles sont au nombre de cinq :

1° Les absents *justo metu* (L. 2, § 1er, quib caus. maj.) : « Hoc autem capite adjuvantur in primis hi qui metus causa abfuissent, scilicet si non supervacuo timore deterriti abfuissent. » La loi 3, eod tit., est le commentaire de la précédente, en précisant ce qu'il faut entendre par justus metus. L'appréciation de la crainte était faite par le magistrat;

2° Absents *rei publicæ causâ*, pour le service de l'État; ce qui comprend : les gouverneurs de province (L. 6, ex quib. caus. maj.) ; les militaires non pourvus de congé (L. 7, eod. tit.), même lorsqu'ils sont de service à Rome ; depuis Justinien (L. 8, C., de restit. milit., II, 51) ils ne comptent comme absents qu'autant qu'ils sont en expédition. Il faut joindre à cette liste, en vertu de la clausula generalis : *les legati civitatum*, envoyés des villes auprès de l'empereur, L. 1, C., ex quib. caus. maj. in integr. (II, 53);

3° Ceux qui sont *in vinculis ;* privés de la liberté pour quelque cause et de quelque façon que ce soit; les diverses hypothèses sont énumérées dans les Lois 9 et 10, ex quib. caus. (IV, 6), et L. 2, C., quib. ex caus. (II, 54);

4° Ceux qui sont *in servitute.* Il s'agit ici de personnes retenues indûment en esclavage, c'est-à-dire libres de droit et esclaves en fait (LL. 11, 12, 13, ex quib. caus.);

5° Ceux enfin qui sont *in hostium potestate*, soit qu'ils

aient été pris par l'ennemi, soit qu'ils soient nés en captivité. (LL. 14, 15 pr., § 1, ex quib. caus.)

Ce qui caractérise l'absence dans ces divers cas, c'est qu'elle a été indépendante de la volonté de la personne absente ; celle-ci ne pouvant, par suite de ces circonstances, veiller à la sauvegarde de ses intérêts, la faveur de la restitution apparaît comme équitable.

Nous avons à examiner comment un préjudice pourra résulter d'une décision judiciaire à la charge de l'absent (1). Pour cela distinguons deux hypothèses :

1° Celle où l'absent n'a pas laissé de procureur ;
2° Celle où il en a laissé un.

Première hypothèse. — L'absent n'a pas laissé de procureur. L'absent est dit alors *indefensus*. Cette circonstance n'entraîne pas en principe la perte de la restitution (L. 26, §§ 1, 9, ex quib. caus. ; L. 15 pr., eod). La Loi 4, C., de procur. (II, 13), qui se place dans l'hypothèse où l'absent, n'ayant pas laissé de procurator capable de le représenter, doit par suite être assimilé à un indefensus, dispose d'une façon générale et sans préciser de cause d'absence : « Æquum est (absenti) restitui causæ defensionem. »

Il en serait différemment, s'il y avait eu de la part de l'absent négligence à ne pas constituer de procurator

(1) Remarquons qu'il ne pourra jamais être question d'une condamnation capitale pour l'absent. Paul, Sent., V, 5ª, 9, dit, en effet: « In causa capitali absens nemo damnatur, neque absens per alium accusare aut accusari potest. »

pour le défendre (Argument d'analogie de la loi 20 pr.,
de min.)

Deuxième hypothèse. — L'absent a laissé un procurator. Il faut ici sous-distinguer entre les mineurs de
vingt-cinq ans et les majeurs.

Pour les mineurs, pas de difficulté ; ils ont droit à la restitution aussi bien dans cette hypothèse que dans la précédente. La Loi 8, de integr. rest., est formelle à cet égard.

Si l'absent ayant laissé un procureur est majeur, grande
controverse parmi les auteurs.

D'une part, en effet, Paul, dans la Loi 39, ex quib caus.
maj. (IV, 6), dit expressément : « Is qui rei publicæ causa
abfuturus erat, si procuratorem reliquerit per quem de-
fendi potuit, in integrum restitui volens non auditur. »
D'autre part Ulpien (L. 26, § 9, eod. tit.), assimilant par
faveur le legatus civitatis à l'absent pour le service de la
République, déclare qu'il pourra obtenir restitution :
« Sive habuit procuratorem, sive non. »

C'est enfin Macer (Loi 8, de integr. rest., IV, 1), qui
établit une comparaison entre le mineur et le majeur de
vingt-cinq ans en écrivant : « Inter minores viginti quinque annis et eos qui rei publicæ causa absunt hoc interest, quod minores annis etiam qui per tutores curatores
ve suos defensi sunt, nihilo minus in integrum contra rem
judicatam restituuntur, cognitâ scilicet causâ, ei vero qui
rei publicæ causa absit, ceteris quoque qui in eadem
causa habentur, si per procuratores suos defensi sunt,
hactenus in integrum restitutione subveniri solet, ut ap-
pellare his permittatur. »

Écartons immédiatement l'opinion qui voudrait voir dans la Loi 26, § 9, une faveur spéciale pour les legati civitatis, lesquels pourraient seuls obtenir la restitutio in integrum lorsqu'ils ont laissé un procurator.

M. de Savigny (1) a réfuté cette argumentation en faisant remarquer que la Loi 1, C., ex quib caus. maj., plaçait les legati civitatis sur le même pied que les rei publicæ absentes ; ils ne pourraient donc prétendre à une situation meilleure que celle de ces derniers. On est en conséquence forcé d'admettre que les serviteurs de la République, bien qu'ayant laissé un procurator, pourront invoquer le bénéfice de la restitution ; dès lors, on ne voit aucune raison pour traiter différemment les autres absents.

Tout d'abord remarquons que la Loi susdite, 26, § 9, ne contredit pas forcément le texte de Macer (8, de in integr. rest.), qui déclare que la restitution accordée aux majeurs ayant laissé un procurator, n'a d'autre effet que de faire revivre les délais d'appel. Le texte de Macer vise expressément l'hypothèse où la restitution est délivrée contre un jugement ; le texte d'Ulpien s'exprime en termes généraux. On peut donc très légitimement supposer que la Loi 26, § 9, contient la règle suivie, lorsque la restitution est obtenue contre tout acte juridique autre qu'un jugement. C'est, croyons-nous, l'explication la plus plausible ; il était, en effet, très naturel qu'on se montrât plus difficile pour accorder la restitution contre une décision judiciaire, dont l'annulation présentait tant d'inconvénients.

Reste maintenant, et c'est la grosse difficulté, à conci-

(1) Savigny, § 183.

lier cette Loi 8 qui accorde une restitution, très limitée il est vrai, avec l'opinion de Paul, qui refuse expressément la restitution lorsque l'absent a laissé un représentant.

On a essayé d'abord de restreindre l'assertion de ce dernier jurisconsulte au cas où le jugement dont souffre l'absent est une sentence d'appel. Il est impossible alors d'appliquer la restitution dont parle Macer, et ainsi la contradiction entre les deux textes disparaîtrait. M. de Savigny, qui rapporte cette opinion, la repousse immédiatement, en faisant remarquer qu'il faut faire subir à la décision de Paul une restriction, dont la Loi 39 ne contient aucune trace. Des explications encore plus fantaisistes ont été proposées. Certains auteurs notamment ont voulu distinguer, suivant que le procurator est, ou non, solvable, de sorte que la restitution serait refusée à l'absent, lorsque le procurator est insolvable (ce serait l'hypothèse de Paul), lui scrait accordée dans le cas contraire (texte de Macer). On peut faire à cette distinction le même reproche qu'à la précédente, elle ne s'appuie sur aucun passage des textes en question.

Écartant ces diverses explications, voici celle que nous adopterons comme étant la plus vraisemblable. Le texte de Paul pose le principe : à savoir que l'absent majeur, ayant laissé un procurator capable de le représenter, ne peut obtenir la restitution contre le contenu d'un jugement. Le fragment de Macer apporte à la règle précédente un tempérament, qui provient, sans doute, d'un progrès dans la doctrine : l'absent pourra, à son retour, si le procurator a négligé d'interjeter appel, obtenir restitution contre l'expiration du délai pour appeler. La res titution du droit d'appel est motivée par une simple omission du procurator; cette faveur est donc bien différente de la restitution proprement dite, que Macer refuse aussi bien que Paul, et qui supposerait une procédure vicieuse.

On peut enfin expliquer pourquoi cette restitution du droit d'appel est accordée ; c'est qu'elle ne cause pas à l'adversaire un dommage digne d'intérêt. Ce dernier devait, en effet, s'attendre à aller en appel; par suite de l'absence de son contradicteur et de la négligence du procurator, le délai pour former la demande arrive à expiration, ce qui l'affranchit d'une seconde instance. On peut donc dire qu'il bénéficie en quelque sorte de l'absence, ce qui ne doit pas être.

II. Metus. — La Loi 1, quod met. caus. (IV, 2), nous rapporte le texte de l'édit qui permet la restitution pour cause de crainte (metus); il en serait de même, à plus forte raison, au cas de violence (vis). Ce second cas, au témoignage d'Ulpien, était d'ailleurs à l'origine formellement énoncé dans le texte de l'édit, qui contenait dans sa rédaction primitive les deux mots « vis et metus ». La dernière expression subsista seule comme impliquant la précédente.

La crainte dont il est question ici, c'est-à-dire de nature à procurer l'in integrum restitutio, doit avoir pour objet un mal capable d'affecter l'homme le plus ferme (LL. 6 et 9, quod met. caus.). Les jurisconsultes romains entendent par là : la mort ou les supplices corporels (L. 3, § 1; L. 3, § 1, quod met. caus.); la menace d'une servitude imméritée (L. 4, eod.), d'un attentat à la pudeur (stuprum) (L. 8, § 2, eod.), enfin d'une accusation capitale (L. 7, § 2, C., de his quæ vi met. caus.).

Il faut tout d'abord nous rendre compte comment la crainte pourra influer sur la solution d'un procès, comment, par suite, elle pourra servir de cause à une demande en restitution contre un jugement. Les textes nous fournissent à cet égard deux hypothèses bien distinctes :

1° C'est le juge, qui a rendu une sentence injuste, par suite de menaces provenant, soit de l'adversaire, soit d'une tierce-personne.

2° C'est l'une des parties, dont la comparution a été rendue impossible par la violence, ce qui a entraîné pour elle la perte du procès.

Première hypothèse. — La première hypothèse est indiquée par Cicéron (pro. Flacc., n° 21). Un nommé Heraclides, ayant succombé dans un procès, se plaint au frère de Cicéron, qui avait remplacé Flaccus dans le gouvernement de la province, que les recuperatores l'avaient condamné sous l'empire de la violence exercée sur eux par Flaccus. Alors, dit Cicéron : « Frater meus, pro sua æquitate prudentiaque decrevit, ut si judicatum negaret, in duplum iret ; si metu coactos diceret, haberet eosdem recuperatores. » Cette désignation des mêmes récupérateurs pour juger l'affaire, suppose évidemment que le premier jugement a été préalablement annulé par l'in integrum restitutio pour violence. Avec l'omnipotence dont jouissait le proconsul dans sa province, des manœuvres analogues à celles qu'on reprochait à Flaccus devaient se produire assez souvent ; l'in integrum restitutio avait donc une grande utilité.

Deuxième hypothèse. — Elle devait se présenter fréquemment. Aussi la violence, employée pour empêcher la comparution d'une partie et lui faire ainsi perdre son procès, était-elle réprimée, en dehors de l'in integrum restitutio, par des mesures particulières qui forment l'objet d'un édit spécial : Ne quis eum qui in jus vocabitur vi eximat (D. II, 7). Paul, dans la Loi 4 de ce titre, nous apprend en quoi peut consister cette violence et la nature du préjudice qui en résulte : « Eximendi verbum generale est, ut Pomponius ait. Eripere enim est de manibus auferre per raptum : eximere quoquo modo auferre. Ut puta si quis non rapuerit quem, sed moram fecerit, quo minus in jus veniret, ut actionis dies exiret vel res tempore amitteretur : videbitur exemisse quamvis corpus non exemerit. »

Ainsi, une violence corporelle n'est pas nécessaire, une contrainte morale suffit. Cette contrainte a eu pour résultat, dans l'hypothèse prévue au texte, d'amener la péremption du droit d'agir. C'est alors que le magistrat intervient : « In eum autem qui vi eximit, in factum judicium datur, quo non id continetur quod in veritate est, sed quanti ea res ab actore æstimata de qua controversia est (L. 5, § 1, ne quis eum qui in jus). »

A côté de cette action spéciale, la victime de la violence trouvait l'in integrum restitutio, et cette voie de recours était parfois la seule qu'elle pût invoquer. La loi 3, § 1, ne quis eum qui in jus voc., dispose en effet : « Si quis ad pedaneum judicem vocatum vi eximat, pœna ejus edicti cessabit. » La violence entravant la comparution devant le judex pedaneus ne donnait pas lieu à la répression spéciale imaginée par cet édit ; mais la restitutio in integrum n'en était pas moins admise en pareil cas.

Outre l'in integrum restitutio, la crainte donnait lieu, d'une façon générale, à l'action quod metus causa et à l'exception metus.

La victime de la violence ne pouvait employer cumulativement la restitutio in integrum et l'action quod metus, mais, par dérogation à la règle ordinaire, l'emploi de la restitution n'était pas subsidiaire et la personne lésée avait le choix entre les deux voies de recours (L. 9, §§ 4, 6; L. 21, § 6, quod metus caus.).

Cela s'explique aisément ; la restitution, réparant le préjudice d'une façon plus directe et plus sûre, devait, dans bien des cas, être préférable à l'action metus; d'autant plus que, n'ayant pas le caractère pénal, elle pouvait ménager mieux les intérêts du défendeur.

III. DOLUS. — L'emploi de la restitutio in integrum pour cause de dol soulève une difficulté, qui a fait mettre en question l'existence de cette cause de restitution.

Aux termes de l'édit (L. 1, § 1, de dol mal., IV, 3), le dol commis dans un acte juridique quelconque donne lieu à l'action de dolo, qui n'est accordée qu'à défaut de toute autre action. D'autre part, nous savons que la restitutio in integrum est de sa nature essentiellement subordonnée à l'absence de toute autre voie de recours. Comment donc concilier ces deux modes de répression : l'action et la restitution, tous deux subsidiaires?

Quelques interprètes suppriment radicalement la difficulté en niant la restitution ob dolum.

Mais en présence des textes qui supposent cette restitution de la façon la plus formelle (not. Sent. de Paul, I,
7, § 2), nous croyons devoir nous ranger à l'opinion plus
plausible de ceux qui croient que, de même qu'une restitution, fondée sur une cause indépendante du dol, écarte
l'action de dolo (L. 1, § 6, de dol mal.), cette dernière
exclut en principe la restitution fondée sur simple dol. La
restitution ob dolum primera l'action de dol exceptionnellement, dans les cas où elle offrira un avantage sur
cette action (1).

Ceci pouvait se présenter dans deux hypothèses :

1° Lorsque l'auteur du dol était insolvable, et que la
fraude avait profité à une tierce personne. La restitution,
accordée contre cette dernière, procurait alors une réparation que l'action de dolo ne pouvait fournir.

2° Lorsque la restitution offrait un mode de réparation
mieux approprié à la nature du préjudice éprouvé.

C'est dans cette seconde catégorie qu'il faut ranger les
divers textes, qui prévoient la restitutio in integrum dirigée contre une sentence judiciaire entachée de dol.

En effet, pour réussir dans l'action de dolo intentée
contre l'auteur de la fraude, il ne suffisait pas d'établir
les faits constitutifs du dol. La partie lésée devait prouver de plus, qu'en l'absence de toute manœuvre frauduleuse elle aurait triomphé dans son procès. Or, ne voit-on
pas, que cette preuve exige qu'on recommence en quelque
sorte, devant le juge de l'action de dol, tous les débats sur
le fond du procès. Il était dès lors plus rapide et plus
simple de laisser cette nouvelle discussion de l'affaire

(1) En ce sens Accarias, t. II, p. 1068.

s'engager devant le juge qui l'avait une première fois examinée. On obtenait ce résultat au moyen de l'in integrum
restitutio qui, en rescindant le jugement et les actes de
procédure viciés par le dol, replaçait les parties dans la
situation respective qu'elles avaient avant que la fraude
eût été commise, et permettait l'organisation d'une nouvelle instance.

De plus, l'emploi de la restitutio in integrum, substitué
à celui de l'action de dolo, écartait l'exercice d'une action
infamante, avantage auquel les Romains n'étaient pas in-
sensibles (L. 7, § 1, de in integr. rest., IV, 1).

Mais, d'un autre côté, lorsque le dol provenait d'une
personne étrangère au procès, la restitution contre la
sentence du juge préjudiciait à l'adversaire de la victime
du dol, en l'obligeant à faire de nouveaux frais et à courir
les risques d'une seconde instance; il était alors préférable d'accorder l'action de dolo à la victime de la fraude
à laquelle on pouvait tout au moins reprocher sa négligence ou sa crédulité.

La situation devenait toute différente lorsque l'auteur
du dol étant insolvable, l'action de dolo ne procurait
qu'une réparation illusoire pour la partie lésée, tandis
qu'au contraire son adversaire au procès, bien qu'étranger à la fraude, en profitait indirectement. Il était donc
équitable que ce fût lui qui supportât, plutôt que la
victime du dol, les conséquences fâcheuses de la fraude
commise, et voilà pourquoi nous trouvons dans cette hypothèse la restitution accordée contre le jugement.

A l'aide des observations précédentes nous allons pouvoir maintenant expliquer les différents textes qui, se

plaçant dans l'hypothèse d'un jugement obtenu par suite
de manœuvres frauduleuses, tantôt accordent la restitution au lieu de l'action de dolo, tantôt donnent la préférence à cette dernière.

Voyons d'abord les textes qui décident que, lorsque le
dol émane d'une des parties en cause, la restitutio in
integrum doit avoir le pas sur l'action de dolo.

1° C'est en premier lieu la Loi 7, § 1, de in integr. rest.
(IV, 1).

Le principium de cette Loi contient un rescrit de l'empereur. Antonin le Pieux, qui, supposant qu'un plaideur
avait négligé de comparaître, « parum exaudita voce
præconis, » faute d'avoir entendu la citation, décidait
qu'il fallait venir à son secours au moyen de la restitution.

Le jurisconsulte Marcellus, qui rapporte le rescrit impé-
rial, ajoute dans le § 1 : « Nec intra has solum species
consistit hujus generis auxilium, etenim deceptis sine
culpa sua, maxime si fraus ab adversario intervenerit,
succurri oportebit, cum etiam de dolo malo actio competere soleat, et boni prætoris est potius restituere litem,
ut ratio et æquitas postulabit, quam actionem famosam
constituere, ad quam tunc demum descendendum est
cum remedio locus esse non potest. »

Marcellus suppose un dol commis dans un procès engagé, comme l'indiquent les mots *lis* et *adversarius;* il
prévoit que l'action de dolo pourrait être accordée ; cependant il est d'avis qu'il est préférable de restituere litem,
et la considération qu'il invoque à l'appui de son opinion,
c'est qu'on évite ainsi l'exercice d'une action infamante.

Mais on observera que le jurisconsulte subordonne

l'emploi de la restitution à la convenance et à l'équité :
« ut ratio et æquitas postulabit, » et le sens de ces expressions devient très clair si on les rapproche du passage
précédent : « maxime si fraus ab adversario intervenerit; » aussi croyons-nous que dans la pensée de Marcellus, la restitutio in integrum s'adressait principalement
au cas où la fraude avait été commise par l'adversaire.

2° Dans la Loi 33, de re judic. (XLII, 1), Callistrate fait
l'application à une espèce particulière du principe général énoncé dans la loi précédente.

Le jurisconsulte commence par établir les circonstances de fait. Julius Tarentinus, ayant succombé dans
un procès, avait adressé à l'empereur Adrien un mémoire
(libellus), dans lequel il se plaignait que la religion du
juge avait été surprise par des témoignages mensongers,
achetés par ses adversaires. L'empereur répondit par un
rescrit, qui est inséré dans la Loi 33, en ces termes :
« Exemplum libelli dati mihi a Julio Tarentino mitti tibi
jussi. Tu, si tibi probaverit conjuratione adversariorum
et testibus pecunia corruptis oppressum se, et rem severe
vindica, et si qua a judice tam malo exemplo circumscripto
judicata sunt in integrum restitue. »

Nous trouvons dans ce rescrit deux prescriptions
adressées au magistrat, s'il lui est prouvé que les témoins
ont été effectivement soudoyés : d'avoir à punir sévère-
ment le fait; puis, si quelque décision judiciaire a
été rendue, de la faire disparaître par la restitutio in
integrum.

On remarquera qu'il n'est pas question dans ce texte
de l'action de dolo, de plus, à la différence de la Loi 7, § 1,

qui justifiait la préférence donnée à la restitution sur l'action, par la circonstance qu'on évitait de délivrer une action infamante, notre loi (33 de re jud.), ne présente aucune raison pour justifier l'emploi de la restitution.

Cette particularité nous prouve que la décision de l'empereur tirait sa raison d'être de la nature particulière du préjudice commis, que la restitutio in integrum fait disparaître beaucoup plus commodément que l'action de dolo. C'est là, évidemment, la véritable raison qui a déterminé l'emploi de la restitution ; le désir d'éviter l'exercice d'une action infamante n'est qu'une raison secondaire ; autrement les jurisconsultes romains eussent été conduits à préférer la restitution à l'action dans toutes les hypothèses où la fraude émane d'un des contractants, et nous savons que cela n'était pas admis.

3° La décision que l'empereur Adrien donnait dans une espèce particulière, nous la voyons généralisée au Code au titre : Si ex falsis instrumentis vel testimoniis judicatum erit (VII, 58). La partie qui aura succombé par suite de fausses pièces ou de faux témoignages invoqués contre elle, obtiendra la restitutio in integrum. « Et qui non provocaverunt, si falsis instrumentis se victos esse probare possunt, cum de crimine docuerint, ex integro de causâ audiuntur. » (L. 2, si ex fals. inst.) Le caractère subsidiaire de la restitution apparaît au début de cette loi qui subordonne l'emploi de cette voie de recours à l'impossibilité d'interjeter appel de la sentence.

La Loi 3, qui fait suite à la précédente, nous dit (ce qui était aisé à prévoir), que l'on ne pourra obtenir l'annulation du jugement par l'in integrum restitutio ob do-

lum, qu'autant qu'on prouvera, que la décision du juge a
été motivée par l'acte ou le témoignage dont on démon-
tre la fausseté : « Causa judicati in irritum non devocatur
nisi si probare poteris, cum qui judicaverat secutum ejus
instrumenti fidem, quod falsum esse exstiterit adversus
te pronuntiasse. »

Dans toutes les hypothèses précédentes, c'est une des
parties en cause qui a commis le dol, c'est elle qui sup-
porte les conséquences de l'in integrum restitutio ; la
preuve en est que la nouvelle instance, à laquelle la restitution donne lieu, s'engage entre la partie restituée et l'auteur
du dol. Voici maintenant des cas, où la restitution produira
ses effets envers une personne étrangère à la fraude, mais
qui en a profité indirectement.

Les raisons, qui font préférer ici l'emploi de la restitution à l'action de dolo, sont toutes différentes des précédentes ; elles nous sont révélées par la condition à laquelle est subordonnée la délivrance de la restitution ; il
faut, disent les textes, que l'auteur du dol soit insolvable.
La commodité du recours, le désir d'éviter une action infamante, ne suffiraient pas à justifier l'emploi de la restitution contre un innocent. Cet emploi devient, au contraire, très légitime, en l'absence d'un autre moyen
assurant efficacement la réparation du dol commis.

Dans certains cas, la restitution sera même d'une application très équitable à l'égard de la personne étrangère à la fraude ; la Loi 18, de interrog. (XI, 1), nous en
fournit un exemple.

Interrogé par un créancier de la succession, un héritier
pour moitié, voulant défendre son co-héritier sans être

Aubert.   4

obligé de fournir la cautio judicatum solvi, s'est faussement déclaré héritier pour le tout. En conséquence, le
créancier l'actionne pour la totalité et perd par l'effet de
la litiscontestatio son action contre l'autre héritier. Un
jugement intervient qui condamne l'héritier soi-disant
unique, mais il se trouve que ce dernier est insolvable et
ne peut acquitter le montant intégral de la dette. C'est
dans ces conditions que la Loi 18 nous dit : « Quærebat
actor an rescisso superiore judicio in eum qui re vera
heres erat actio dari deberet? Proculus respondit : rescisso
judicio posse agi. » Le créancier se voit donc restitué en
partie contre l'effet du premier jugement et recouvre son
droit d'action contre le second héritier. Ce dernier ne peut
évidemment se plaindre de cette poursuite, à laquelle sa
qualité d'héritier l'exposait.

Dans d'autres hypothèses, au contraire, la partie
étrangère à la fraude souffrira dans une certaine mesure
de la restitutio in integrum donnée contre elle. C'est ce
qui se produira notamment si, après avoir triomphé dans
une première instance par suite d'un dol commis par un
tiers, elle se voit obligée par l'effet de la restitution de
recommencer les débats. De là un surcroît de dépenses,
qu'elle ne pourra se faire rembourser par l'auteur du dol
s'il est insolvable. Mais l'intérêt de la victime du dol com-
mandait cette solution ; comme le dit la Loi 3, § 1, de eo
per quem fact. (II, 10) : « Plane si is, qui dolo fecerit, quo
minus in judicio sistatur, solvendo non fuerit, æquum est
adversus ipsum reum restitutionem actionem competere,
ne propter dolum alienum reus lucrum faciat et actor damno
adficiatur. »

Remarquons, en terminant, que si l'auteur du dol était solvable, c'est contre lui que la partie lésée devrait recourir par l'action du dol ; l'adversaire étranger à la fraude ne serait pas inquiété par la restitution, bien qu'ayant indirectement profité de la fraude.

IV. JUSTUS ERROR. — Nous trouvons dans les textes, soit des Instituts, soit du Digeste, d'assez nombreuses applications de la restitutio in integrum accordée pour erreur commise, soit dans la rédaction de la formule, soit au cours de l'instance.

Bien que la plupart des textes, qui rapportent ces hypothèses, paraissent supposer que l'erreur a été découverte avant que l'instance ait été portée devant le judex et, par suite, avant qu'un jugement soit intervenu, il est permis de croire que le prononcé du jugement ne ferait pas obstacle à la délivrance de l'in integrum restitutio, si l'erreur n'était découverte qu'à ce moment. Quelques textes prévoient d'ailleurs formellement cette situation et accordent, en pareil cas, la restitution.

On peut se demander d'abord de quelle nature doit être l'erreur pour être prise en considération? Aucun texte ne répond à cette question par une règle absolue, et cela se conçoit aisément. Un principe supérieur d'équité veut que l'erreur, tant de droit que de fait, ne soit prise en considération qu'autant qu'elle est excusable (justus error, disent les Romains), et le texte de l'édit du préteur reflète visiblement cette idée : « Ait prætor : si id actor ignoravit, dabo in integrum restitutionem ; scienti non

subvenit, merito quoniam ipse se decepit. (L. 1, § 6, quod
fals. tut., XXVII, 6.)

Mais quand l'erreur sera-t-elle excusable?

A l'égard des erreurs de droit, on se montrait plus facile pour les mineurs de vingt-cinq ans, pour les femmes,
les militaires et les personnes sans instruction, qui sont
présumées ignorer la loi. Cela ressort nettement d'un
passage des Instituts. Supposant une plus petitio survenue
dans l'intentio — ce qui, comme on le sait, entraînait le
rejet de la demande — Justinien déclare : « Nec facile in
integrum a prætore restituebatur, nisi minor erat vigenti
quinque annis, huic enim sicut in aliis causis causa cognita succurrebatur, si lapsus juventute fuerat, ita et in
hac causa succurri solitum erat. Sane si tam magna
causa justi erroris interveniebat, ut etiam constantissimus
quisque labi possit, etiam majori viginti quinque annis
succurrebatur. » (Inst., IV, 6, § 33.)

A l'égard des erreurs de fait, les jurisconsultes romains
semblent en principe les déclarer excusables, sauf preuve
contraire d'une négligence coupable ou ignorance injus-
tifiable.

Il résulte des observations précédentes que le magistrat chargé de délivrer la restitution avait une très
grande liberté d'appréciation pour décider dans chaque
espèce si l'erreur devait être prise en considération.

Voici maintenant les diverses hypothèses de restitution,
donnée contre un jugement pour cause d'erreur, que nous
relevons dans les textes :

1° En première ligne, il faut placer pour mémoire le texte
des Instit. (IV, 6, § 33), prévoyant le cas d'une plus petitio

dans l'intentio. Nous n'avons pas à revenir sur les explications précédemment données sur ce sujet ;

2° Nous avons déjà eu l'occasion de citer la Loi 1, §§ 1, 6, quod fals. tut. auct. (XXVII, 6).

Il s'agit d'un procès engagé contre un pupille par l'intermédiaire d'un tutor falsus ; la sentence obtenue ne peut être exécutée contre le pupille, et le demandeur a perdu par l'effet de la litiscontestatio le droit d'agir à nouveau ; peut-il se faire restituer contre ce jugement ? Il faut, pour répondre, distinguer avec les textes plusieurs hypothèses.

La restitution serait certainement refusée si, plusieurs tuteurs étant intervenus au procès, il était établi que parmi eux il y avait un verus tutor (L. 1, § 3, eod. tit.) ; l'auctoritas tutoris ayant réellement concouru à l'acte, l'exécution du jugement pourra être poursuivie.

Il en sera de même si l'auctoritas a été prêtée par un tiers « pro tutore negotia gerens » et si le préteur a déclaré : « ratum se habiturum id quod his auctoribus gestum est. » La Loi 1, § 5 (eod. tit.) en donne la raison « tunc enim valebit per prætoris tuitionem.

Mais, en dehors de ces deux hypothèses, le jugement rendu contre le pupille ne pourra être exécuté contre lui, et le demandeur obtiendra la restitution à une condition : «si id actor ignoravit», s'il a ignoré que le tuteur était faux ; sinon il ne mérite pas qu'on vienne à son secours, puisque le préjudice dont il souffre a été amené par sa faute (L 1, § 6, quod fals. tut.).

Cette dernière règle doit cependant recevoir un tempérament. D'abord, elle n'est pas applicable au mineur de

vingt-cinq ans (L. 4, cod.); de plus, l'avertissement donné
à la partie lésée que le tuteur était faux n'écarterait pas
la restitution, si des motifs sérieux l'avaient empêchée d'y
ajouter foi (L. 2, eod. tit.).

3° Dans la Loi 11, § 8, de inter. in jure (XI, 1), il s'agit
d'une réponse donnée par erreur à une interrogation faite
devant le magistrat. Cette réponse peut avoir, pour celui
de qui elle émane, des conséquences fâcheuses. L'espèce
indiquée au texte permet de s'en rendre compte aisément.

Une personne est interrogée devant le magistrat sur le
point de savoir si elle est héritière de son père défunt.
Cette personne se croyant avec juste raison héritière
— son père n'ayant pas laissé de testament — répond
affirmativement. Elle est, par suite de cette réponse, obligée de défendre à l'instance organisée contre elle, sur la
demande par exemple d'un créancier de la succession, et
contrainte de supporter toutes les conséquences du jugement, si le juge donne gain de cause au créancier. Tout
ceci est parfaitement conforme à l'équité, du moment que
le fils est héritier. Mais il se peut, et c'est ce que suppose
la Loi 11, § 8, qu'après coup et par la découverte d'un
testament ignoré, le fils s'aperçoive qu'il est exhérédé. Le
jugement rendu contre lui en qualité d'héritier, préjudicie
gravement à ses intérêts, puisqu'il n'a pas le patrimoine
de l'hérédité pour subvenir à la condamnation; « æquis-
simum est ei succurri », dit Ulpien, Loi 11, § 8. Ce secours,
c'est la restitution accordée contre le jugement de condamnation.

La solution serait évidemment la même, si une per

sonne s'était déclarée héritière sur la foi d'un testament, reconnu après coup « falsum, inofficiosum vel irritum ». « Non enim improbe respondit, sed scriptura ductus ».

4° Celui dont la demande est fondée en droit, mais qui, alléguant un motif inexact, se trouve débouté de sa demande, ne peut l'intenter une seconde fois, à cause de l'exception rei judicatæ. Mais si nous supposons qu'il y a eu erreur excusable, le demandeur pourra, par la restitutio in integrum, obtenir l'annulation du jugement et la restitution de son droit d'agir. La Loi 11 pr., de except. rei jud. (XLIX, 2) nous en fournit un exemple.

C'est une mère qui revendique par la pétition d'hérédité le droit de succession, qu'elle tient du Sén. Cons. Tertullien, dans la succession de son fils, mort impubère. Elle n'a qu'un droit de succession ab intestat, qui serait écarté par une institution d'héritier, mais le fils étant mort impubère n'a pu tester, et la substitution pupillaire que son père aurait pu faire pour lui est inefficace, le testament paternel étant ruptum. Du moins, c'est ce que la mère avait de justes raisons de croire.

La pétition d'hérédité déduite in judicium, on découvre que le testament paternel n'était pas ruptum, et par suite la mère succombe dans sa demande. Après coup, l'ouverture des tablettes pupillaires fait apparaître qu'aucune substitution n'avait été faite par le père à son fils. Celui-ci était donc réellement mort intestat et la mère avait droit à sa succession; seulement, si elle agissait de nouveau en pétition d'hérédité, elle se verrait opposer l'exception rei judicatæ. Ulpien en convient, mais il ajoute (L. 11 pr., eod tit.) : « Ex causa succurrendum erit ei quæ unam tantum

causam egit rupti testamenti. » Ce secours accordé à la
mère est évidemment la restitution.

5° Nous arrivons maintenant à une hypothèse qui, bien
que très analogue aux précédentes, ne présente pas cependant un cas d'erreur proprement dite. Il s'agit de
savoir si une personne, ayant succombé dans un procès,
peut obtenir d'être restituée in integrum contre le jugement qui l'a condamnée, et recommencer une nouvelle
instance pour découverte de nouvelles pièces.

A l'origine, cette circonstance ne constituait pas un
motif suffisant et la restitution n'était pas accordée. Avec
le temps, diverses dérogations furent apportées à cette
règle, par des constitutions ou rescrits impériaux, en faveur
d'hypothèses spéciales, mais cela fut toujours à titre
d'exception et, en règle générale, la restitution n'était
pas accordée pour découverte de nouveaux documents.
Une constitution de l'empereur Gordien (L. 4, C., de rejud,
VI, 52) en donne la raison : « Sub specie novorum instrumentorum postea repertorum res judicata restaurari
grave est. »

Les hypothèses indiquées par les textes, où par exception la restitution pourra être délivrée, sont au nombre
de deux.

La première est rapportée par Gaius (L. 31, de jurej.,
XII, 2) : « Admonendi sumus interdum etiam post jusju-
randum exactum permitti constitutionibus principum ex
integro causam agere, si quis nova instrumenta se inve-
nisse dicat, quibus nunc solis usurus sit. »

La première condition, pour permettre de recommencer
le procès, c'est que les pièces découvertes soient seules

employées dans la nouvelle instance ; nous trouverons
dans un instant la même exigence dans la deuxième hypothèse. Dans celle qui nous occupe en ce moment, les
pièces ont été découvertes après une prestation de serment. C'est du serment supplétoire qu'il s'agit, c'est à
dire du serment déféré à une des parties par le juge qui
a besoin de s'éclairer sur tel ou tel point douteux. Gaius
le dit formellement dans la suite du texte : « Sed hæ constitutiones tunc videntur locum habere cum a judice ali-
quis absolutus fuerit ; solent enim sæpe judices in dubiis
causis, exacto jurejurando, secundum eum judicare qui
juraverit. » Ainsi, sur la demande du juge, une des parties a affirmé sous serment qu'elle n'avait pas commis le
fait que le demandeur allègue contre elle, et, en conséquence, elle a été renvoyée absoute de la demande.

C'est alors que le demandeur découvre de nouvelles
pièces lui permettant d'établir la fausseté du serment. Les
constitutions impériales lui accordent le droit d'agir à
nouveau en se faisant restituer contre le jugement d'absolution.

Si, au contraire, le serment avait été prêté par une des
parties sur la demande de l'autre (serment décisoire), la
découverte de nouvelles preuves n'autoriserait pas la
restitution, parce que le serment équivaut en pareil cas à
une transaction. C'est ce que dit encore Gaius (L. 31, in
fine) : « Quod si alias inter ipsos jurejurando transactum
sit negotium, non conceditur eamdem causam retractare.
L'article 1363 du Code civil a reproduit la même règle.

La deuxième hypothèse, où, par exception, la découverte
de nouvelles pièces postérieurement au jugement rendu

entraînera restitution, est contenue dans la Loi 35, de re jud. (XLII, 1) : « Imperatores Antoninus et L. Verus rescripserunt quamquam sub obtentu novorum instrumentorum restitui negotia minime oportcat, tamen in negotio publico ex causa permittere se hujusmodi instrumentis uti. »

Le rescrit de Marc-Aurèle, après avoir constaté qu'en principe la restitution ne doit pas être accordée pour découverte de nouvelles pièces, y apporte une dérogation pour les negocia publica, à la condition que les preuves nouvellement découvertes y seront seules employées. Les negocia publica, dont il est ici question, désignent probablement les affaires intéressant les personnes morales publiques, telles que l'État et les municipalités.

TROISIÈME CONDITION. — Que la restitution ne soit pas prohibée par une exception formelle.

La réunion des deux premières conditions : existence d'une lésion et d'un motif de restitution, aura en principe pour conséquence la délivrance de la restitution contre le jugement préjudiciable ; exceptionnellement, il n'en sera pas ainsi lorsqu'un texte spécial s'opposera à la restitution.

Dans le courant de nos explications sur chaque motif de restitution en particulier, nous avons accidentellement relevé quelques hypothèses où la restitution était ainsi refusée ; nous en rencontrerons d'autres encore, lorsque nous étudierons les conditions de forme de la restitution. Nous

voulons à cette place dire seulement quelques mots d'une
cause plus générale de refus de la restitution ; elle tient
au caractère subsidiaire de cette voie de recours.

La restitutio in integrum ne peut être accordée qu'à
défaut de tout autre moyen de réparation. En conséquence, la restitution demandée contre le jugement sera
écartée d'abord, et comme nous l'avons déjà dit, tant que
l'appel sera recevable, mais de plus toutes les fois qu'une
action spéciale en réparation sera possible.

C'est ainsi qu'une personne, ayant constitué un procurator avec pleins pouvoirs pour agir en justice, et per-
dant son procès par le dol ou la faute de ce représentant,
ne pourra, dit la Loi 10, C. de proc. (II, 13), se faire restituer contre la sentence passée en force de chose jugée.
Elle aura seulement la ressource de poursuivre le procurator : « Quod si plenam potestatem agendi habuit
(procurator) rem judicatam rescindi non oportet, cum si
quid fraude vel dolo egit, convenire eum more judiciorum
non prohiberis. »

Nous avons vu que Macer, L. 8, de in integr. rest.,
apportait un correctif à cette règle et accordait la restitution contre l'expiration du délai d'appel.

En outre, la personne âgée de moins de vingt-cinq ans
n'était pas soumise à cette règle, lorsque c'est son tuteur ou
son curateur qui l'avait représentée en justice. C'est d'abord
la Loi 45, §1, de minor., ainsi conçue : « Imperator Titus
Antoninus rescripsit eum, qui fraude tutoris adversarium
suum diceret absolutum et agere cum eo ex integro vellet,
licentiam habere prius cum tutore agere. »

Les empereurs Dioclétien et Maximien confirment le

même privilège : « Etiam in his quæ minorum tutores vel curatores male gessisse probari possunt, licet personali actione a tutore vel curatore secum consequi possint, in integrum restitutionis auxilium eisdem minoribus dari jam pridem placuit (L. 3, C., si tut. vel cur. interv., II, 25.)

Ainsi le mineur peut, avant de poursuivre son tuteur ou son curateur, obtenir le bénéfice de la restitution ; d'ailleurs il a le choix d'adopter celui des deux moyens qu'il voudra, et s'il agit d'abord par l'un, ce choix ne lui enlève pas le bénéfice d'user ensuite de l'autre : « Nullo eis præjudicio per electionem generando placuit (L. 5, C., si tut. vel cur.). »

CHAPITRE DEUXIÈME.

CONDITIONS DE FORME DE LA RESTITUTION. — PROCÉDURE.

Nous avons pu nous rendre compte, par l'étude des différents textes que nous avons été amenés à parcourir, que la restitution n'était accordée qu'après avoir été préalablement sollicitée. Impetrare, implorare, postulare, telles sont les expressions que l'on peut relever. Nulle part il n'est question d'une restitution prononcée d'office, et cela se conçoit aisément, étant donnée la nature exceptionnelle de cette voie de recours.

Ce sont les conditions de cette demande que nous devons tout d'abord déterminer; nous nous occuperons ensuite de l'instance à laquelle elle donne lieu.

1° *Contre quels jugements une demande en restitution peut-elle être formée?*

En principe tout jugement, quelle que soit la nature de l'affaire qui l'a provoqué, quelle que soit l'autorité judiciaire qui l'a rendu, peut être rescindé par la restitutio in integrum.

Nous en avons trouvé de nombreux exemples en matière civile. La circonstance que le jugement prononçait une peine ne faisait pas obstacle à la restitution (L. 1, §§ 9 et 10, de post. (III, 1). Une seule exception était faite

pour le jugement établissant la liberté d'une personne
(sententiam pro libertate latam), contre lequel la restitution ne pourra être accordée, même au profit du mineur, dit la Loi 4, C., si adv. libert. (II, 31). Toutefois, à
l'époque classique, le mineur pouvait, semble-t-il, l'obtenir : Si ex magna causa hoc a principe fuerit consecutus.
(L. 10, de minor., IV, 4.)

La restitution devait être très rarement accordée contre des sentences pénales proprement dites. On sait, en
effet, que le mineur était quant à ses délits complètement
assimilé au majeur.

2° *Délai pour intenter la demande.* — L'utilité d'un
délai s'explique aisément par le caractère exorbitant
de la faveur sollicitée et par la nécessité de ne pas
inquiéter outre mesure les plaideurs, en laissant trop
longtemps dans l'incertitude le sort des intérêts engagés.

La durée de ce délai a varié selon les époques. Avant
Constantin, elle était d'une année utile comme pour la plupart des moyens du droit prétorien (L. 19, de min. — L. 1,
§ 1, ex quib. caus. maj.).

Constantin introduisit des changements en faveur des
mineurs de vingt-cinq ans. Il décida que, lorsqu'un mineur aurait obtenu la venia ætatis, il conserverait néanmoins jusqu'à l'âge de vingt-cinq ans le droit de demander la restitution contre les actes intervenus avant la
dispense d'âge, L. 5 pr., C., de temp. in integr. rest. (II,
53). Un peu plus tard, l'empereur substitua au délai
d'une année utile des délais continus, courant à dater de
a majorité, de la venia ætatis ou de la mort du mineur

Ces délais, qui variaient suivant le domicile du mineur, étaient de cinq années pour le mineur domicilié à Rome, de quatre pour le mineur domicilié dans le reste de l'Italie, et enfin de trois pour celui qui habitait quelque autre province de l'empire (L. 2, C. Th., de in integr. rest., II, 16).

La réforme de Constantin ne concernait que les mineurs. Justinien la généralisa en la simplifiant considérablement.

Dans tout l'empire, et quel que fût le motif de restitution, le délai pour demander la restitutio in integrum fut fixé à quatre années, comptées d'une manière continue à dater du même jour où commençait autrefois à courir l'annus utilis (L. 7, C., de temp. in integr. rest., II, 53). Cette loi soulève un certain nombre de difficultés que nous allons rapidement énumérer.

Une première difficulté ne nous arrêtera pas longtemps. Remarquant que le paragraphe 1 de la Loi 7 ne parle à l'égard des majeurs que de la restitution pour absence, on a prétendu que la réforme de Justinien ne s'appliquait qu'à ce motif de restitution et au mineur de vingt-cinq ans. Mais cette distinction est tout à fait inadmissible en présence des termes généraux du principium de cette loi, où le législateur marque nettement son intention de substituer le tempus continuum partout où le délai d'une année utile était exigé.

Si, dans le § 1, la restitution pour absence est seule visée, c'est à titre d'exemple et comme étant la plus usitée. On n'a pas oublié, en effet, que cette cause était communément qualifiée de restitution des majeurs.

Une question plus délicate est celle de savoir à partir

de quel moment courait le délai de quatre ans ? Justinien
lui assigne le même point de départ qu'à l'ancien délai
d'une année utile : « Dies ex quo annus utilis currebat. »

Ce point de départ sera, pour la minorité, le jour où
celle-ci aura cessé (L. 19, de min.), et pour l'absence, le
jour du retour (L. 1, § 1, ex quib. caus. maj.).

Pour les autres causes de restitution, le dol, la violence
et l'erreur, l'absence de textes spéciaux a fait hésiter sur
le point de départ à donner.

Deux systèmes sont en présence. Dans le premier, on
décide que le délai courra du jour même où la lésion s'est
produite, sans tenir compte du temps pendant lequel elle
sera restée ignorée de la partie lésée.

Le système opposé, qui ne fait partir le délai de quatre
ans qu'à compter du moment où la victime du préjudice
en a eu connaissance, nous semble préférable. Ce système a d'abord l'avantage de traiter de même les différentes causes de restitution. Pour la minorité et l'absence,
en effet, nous avons vu que des textes formels ne lais-
saient courir le délai qu'à partir du jour où la cause de restitution avait cessé ; or, dans le cas de dol ou d'erreur, la cause
de restitution ne pourra être considérée comme ayant
cessé que lorsque la partie lésée en aura eu connaissance.

Un argument plus décisif en faveur de notre système,
c'est qu'il était celui d'après lequel l'ancien délai d'une
année utile était calculé. Par cela même qu'il s'agissait
d'un délai utile, il ne pouvait courir que du jour où la
connaissance de la lésion avait rendu la poursuite possible. Mais, de plus, on ne faisait pas entrer en ligne de

compte les jours où le demandeur n'avait pas la facultas agendi, notamment parce que le juge ou le magistrat ne siégeait pas ; c'est ce mode de computation que Justinien a voulu supprimer en fixant quatre années continues, mais il a pris soin de déclarer qu'au surplus le nouveau délai aurait le même point de départ que l'ancien. Ceci doit trancher la controverse.

Il est bon d'observer, à propos de ce délai, qu'il marque le temps pendant lequel la restitution devra être non seulement demandée, mais encore obtenue. Les quatre ans expirés, la délivrance de la restitution n'est plus possible. Justinien le dit formellement en parlant du délai de quatre ans : « Observetur ad interponendam contestationem finiendamque litem. » (L. 7 pr., C., II, 53.)

En cela, il ne faisait que se conformer à la règle déjà suivie pour l'annus utilis qui était le délai extrême, non seulement pour la demande, mais aussi pour la délivrance de la restitution. Le cas rapporté dans la Loi 39 pr., de minor., en est la preuve manifeste.

Une demande en restitution a été formée à temps ; le demandeur a invoqué son état de mineur, et le magistrat a admis cette prétention comme exacte.

L'adversaire appelle de cette sentence préparatoire sur l'âge du mineur, et, par ce moyen, empêche la restitution d'être prononcée dans le délai prescrit.

Le jurisconsulte Scævola décide que, si l'appel est non fondé, le préteur pourra reprendre la cognitio au point où il l'avait laissée. Cette décision ne se comprendrait pas s'il suffisait d'avoir formé sa demande dans le délai légal.

Aubert.   5

3° *Effet de la demande en restitution*. — La demande
en restitution a un effet suspensif. En conséquence, à
compter du jour de la demande tout doit demeurer en
l'état et il ne peut être procédé à l'exécution du jugement attaqué. « Postulata in integrum restitutione, omnia
in suo statu esse debere donec res finiatur, perspicui juris est, id que curabit is, ad cujus partes ea res pertinet
(L. unic., C., in integr. rest. post., II, 50). »

4° *Par qui la restitution peut-elle être demandée ?* —
Il va de soi tout d'abord que la restitution peut être demandée par la personne qui a éprouvé la lésion. Ce sera
même l'hypothèse la plus fréquente, cette personne étant
la principale et, dans la plupart des cas, la seule inté-
ressée à obtenir restitution. D'ailleurs, elle agira soit en
personne, soit au moyen d'un fondé de pouvoir agissant
en son nom, mais spécialement institué à cet effet (L. 2,
§ 1, de min.), soit par ses représentants légaux, si elle
est incapable de figurer elle-même dans un procès (ce qui
était le cas des impubères). Quant à ceux qui peuvent
agir eux-mêmes, à la condition d'être assistés d'un curateur, le concours de ce dernier sera également nécessaire
pour former la demande en restitution (L. 1, § 3, de
admin. et periculo, XXVI, 7).

A la mort de la personne lésée, le droit d'intenter la
demande en restitution passe à ses héritiers, qui se trouvent investis de tous les droits faisant partie du patrimoine de leur auteur, à l'exception de ceux personnels à
ce dernier. Or, le droit à la restitution n'est pas au nombre de ceux-ci : « Non solum minoris verum eorum quo-

que qui Reipublicæ causa abfuerunt, item omnium qui
ipsi potuerunt restitui in integrum, successores in integrum restitui possunt. » (L. 6, pr. de minor.)

Cette même loi assimile aux héritiers le maître d'un
mineur devenu esclave : « Proinde et si minor in servitu-
tem redigatur vel ancilla fiat, dominus eorum dabitur non
ultra tempus statutum, in integrum restitutio. » Il faut
traiter de même tous ceux qui, pour un motif quelconque,
recueillent un patrimoine à titre universel (L. 128, § 1,
de reg. jur., L. 17).

Mais ces divers successeurs ne jouissent du droit qu'ils
trouvent dans le patrimoine recueilli que dans la mesure
dont le défunt pouvait en jouir lui-même. Notamment au
point de vue du délai pour solliciter la restitution, ils sont
réduits à celui qui restait encore à leur auteur : « Non
ultra tempus statutum, » dit la Loi 6 pr., de minor; la
Loi 19, de min., est plus claire encore : « id dumtaxat tempus quod habuit is, cui heres exstitit. »

Le droit à la restitution n'étant pas strictement attaché
à la personne peut être cédé, et le cessionnaire jouira de
tout le droit que possédait le cédant. La cession du droit
à la restitution sera ordinairement volontaire; dans certains cas elle pourra être forcée. La Loi 24 pr., de minor,
nous indique un de ces cas :

Il s'agit d'un mineur qui de lui-même a géré les affaires
d'un majeur. Nous pouvons supposer, bien que la loi n'en
parle pas, que cette gestion d'affaires s'est produite à
l'occasion d'un procès engagé et que le mineur a succombé. Il a la ressource d'invoquer l'in integrum restitutio et peut la céder au majeur pour lequel il est intervenu.

Mais s'il se refuse à faire cette cession, la Loi 24 nous dit
que le majeur peut l'actionner par l'action negotiorum
gestorum et le contraindre à le substituer en son lieu et
place dans l'instance en restitution : « Compellendus est
sic ei cedere auxilium in integrum restitutionis ut procuratorem cum in rem suam faciat; ut possit per hunc
modum damnum sibi propter minorem contingens re-
sarcire. »

On s'est demandé si cette cession du droit à la restitution pouvait s'effectuer tacitement. C'est, par exemple,
un propriétaire d'une maison au profit de laquelle existe
un droit de servitude litigieux. Dans une instance engagée
pour faire reconnaître la validité de cette servitude, le
propriétaire succombe; cependant il résulte des circonstances qu'il pourrait invoquer la restitution. Sur ces en-
trefaites il vend sa maison; l'acquéreur peut-il user du
bénéfice de la restitution? Nous ne le pensons pas. Le cas
est ici tout différent de l'hérédité; nous sommes en présence d'une transmission à titre particulier, qui n'entraîne jamais la transmission tacite des droits et actions
acquis à l'occasion de la chose vendue; l'acquéreur acquiert la chose dans l'état où elle était au moment de la
vente, c'est-à-dire sans droit de servitude.

5° *Contre qui la restitution doit-elle être demandée?*
— Il y aura nécessairement un défendeur à l'action en
restitution, et il sera le plus souvent cité et entendu au
cours de l'instance.

Dans quelques cas exceptionnels cependant, la restitution sera prononcée en dehors de la comparution de l'ad-

versaire ; on dit alors qu'elle est accordée *brevi manu*, après instruction sommaire du magistrat. Cela se produisait lorsqu'il s'agissait de restituer une des parties contre l'expiration d'un délai de procédure.

Lorsque la restitution est demandée contre un jugement, ce qui est l'hypothèse que nous devons envisager, l'adversaire figurait nécessairement dans l'instance. Quel est cet adversaire ? Il faut pour répondre recourir aux principes généraux du droit, qui décident que toute demande doit être dirigée contre celui qui a intérêt immédiat à la contredire. Le plus souvent l'adversaire dans l'instance en restitution sera donc celui qui a obtenu le jugement contre lequel la restitution est demandée. Si la restitution accordée doit avoir pour effet de faire revivre une action contre une personne qui n'a pas figuré dans ce jugement, il est évident que cette personne devra intervenir dans la demande en restitution.

Si le défendeur à la demande en restitution ne peut agir par lui-même en justice, il faudra s'adresser à ses représentants légaux ; au tuteur de l'impubère par exemple.

Enfin, le défendeur pourra, sans figurer lui-même dans l'instance, être représenté par une tierce personne. Il est à remarquer qu'à cet effet un mandat formel n'est point nécessaire, puisqu'il était de principe à Rome que toute personne peut librement entreprendre une défense judiciaire (L. 23, de solut., XLVI, 3, § 22, pr., ex quib. caus. maj., IV, 6), sous la seule condition de fournir la caution judicatum solvi. Une fois cette caution fournie, le procurator, qui était jusque-là entièrement libre de ne pas se

charger de l'affaire, ne peut plus se refuser à y défendre
(L. 43, § 6, de procur., III, 3).

A cette règle se rattache la solution donnée par la Loi 46,
§ 3, de procur. Il s'agit de savoir si le défenseur qui a
figuré dans le jugement contre lequel la restitution est
accordée, peut être contraint à défendre dans la nouvelle
instance organisée (judicium restitutorium). Gaius, dans
la loi précitée, répond affirmativement : « magis placet
cogendum. » Cette décision implique évidemment que le
procurator ne peut se refuser à jouer le rôle de defensor
dans la demande intentée devant le magistrat pour obtenir la restitutio in integrum.

6° *Magistrat compétent en matière de restitution.* —
L'origine de l'in integrum restitutio désigne le magistrat
capable de l'accorder. « Omnes in integrum restitutiones
causa cognita a prætore promittuntur, » dit la Loi 3, de
in integr. rest. (IV, 1). A l'origine, c'était effectivement le
préteur qui connaissait des demandes en restitution ; mais
il est probable qu'en principe les consuls jouissaient des
mêmes pouvoirs (L. 30, de acquir. heredit., XXIX, 2),
seulement, absorbés qu'ils étaient par les affaires politiques et militaires, ils en abandonnèrent de bonne heure
l'exercice avec toutes les autres fonctions judiciaires au
préteur.

Lorsque la domination romaine s'étendit au delà des
limites de l'Italie proprement dite, l'édit prétorien s'ap-
pliqua aux provinces sous forme d'édits provinciaux.
Dans les provinces, c'est le gouverneur qui remplace le
préteur et qui préside comme lui à la juridiction dans

toute l'étendue du territoire soumis à son autorité ; en conséquence, le droit de restituer lui fut reconnu.

D'une façon générale, on peut donc considérer ce droit comme inhérent aux magistrats qui « juridictioni præerant », pourvu qu'ils fussent revêtus de l'imperium. La Loi 26, § 1, ad municip. (IV, 1), dit expressément que ce droit n'appartient pas aux autorités municipales.

Le droit d'accorder la restitution était ainsi, à la fin de la République et au commencement de l'Empire, restreint à un petit nombre de magistrats dont la position éminente était parfaitement en rapport avec l'importance de la prérogative qu'on leur confiait. A mesure que l'autorité impériale devint prépondérante, la compétence en matière de restitution s'élargit.

Le droit de restituer était en effet nécessairement compris dans l'imperium du prince ; il put dès lors être délégué aux magistrats nommés par lui. C'est ainsi que nous trouvons le pouvoir de restituer exercé dans les provinces attribuées au prince par les legati principis, tandis que dans les provinces sénatoriales, ce droit appartenait aux præsides provinciarum (L. 42, de minor.). Le même droit existait au profit du præfectus urbi et du præfectus prætorii (L. 16, § 5, de minor.; L. 17, L. 38 pr., eod.).

L'extension du droit de restituer devint encore plus considérable avec la nouvelle organisation judiciaire donnée à l'empire par Constantin. Les personnes pouvant prononcer la restitution comprenaient, dans les quatre grandes préfectures, les préfets, dans chaque diocèse, le vicarius, dans les provinces bien plus nombreuses et bien moins

importantes qu'autrefois, les rectores provinciæ. Enfin,
Justinien, mettant fin à une controverse, décida (L. 3, C. II,
47) que le droit de restituer pourrait appartenir non plus
seulement au magistrat, mais à son délégué, *judex pedaneus*, au moyen d'une délégation spéciale. Cette délégation était même inutile, et le judex pedaneus était de droit
apte à restituer, lorsque la demande en restitution se
présentait incidemment au cours d'un procès dont il était
saisi.

Tous les magistrats que nous venons d'énumérer étaient
compétents ratione materiæ pour accorder la restitution,
mais dans telle hypothèse déterminée, quel était celui
auquel le demandeur devait s'adresser? Sous le système
formulaire, si la sentence était demandée contre une sentence du judex, c'était au magistrat qui avait organisé le
judicium contre lequel la restitution était sollicitée.

S'il agissait d'une décision du magistrat — et lorsque
les pouvoirs du judex et du magistrat furent confondus,
il en était toujours ainsi — la règle était, qu'il fallait toujours porter la demande devant une autorité supérieure à
celle qui avait rendu la sentence dont on demandait restitution : « Minor autem magistratus contra sententiam
majorem non restituit. » (L. 18 pr., de minor.)

Par application de ce principe, la Loi 1, C., ubi et ap.
quem (II, 47), décide que l'empereur peut seul restituer
contre une sentence du Procurator Cæsaris.

Par exception le præfectus prætorii jugeant vice principis, et par suite, n'ayant dans la hiérarchie judiciaire
aucune autorité supérieure à la sienne, pouvait restituer contre sa propre sentence (L. 1, § 2, de off. præf.

pr., I, 2). Loi 17, de minor. : « Præfecti prætorii ex sua sententia in integrum possunt restituere. »

7° *Instance en restitution.* — Ce qui caractérise avant tout cette instance, c'est la cognitio extraordinaria. Un grand nombre de textes (L. 3, de in integr. rest.; L. 13 pr.; L. 24, § 5 ; L. 39 pr.; LL. 43, 44, 47 pr., de minor.; L. 2, C., de temp. in integr. rest.), supposent cette cognitio, qui désigne l'intervention du magistrat dont l'imperium peut seul faire échec à la loi. Aussi avons-nous déjà insisté sur cette cognitio que nous avons présentée comme étant de l'essence de la restitution.

Elle a pour but d'examiner s'il y a lieu d'accorder la restitutio in integrum. Elle doit donc porter sur deux points distincts, dont la preuve incombe au demandeur : 1° sur l'existence et la gravité de la lésion ; 2° sur l'existence et l'admissibilité de la cause de restitution invoquée. « Omnes in integrum restitutiones, causa cognita a prætore promittuntur, scilicet ut justitiam earum causarum examinet et an veræ sint quarum nomine singulis subvenit. » (L. 3, de in int. rest.)

A la suite de cette cognitio, le magistrat prononce sur la demande. S'il la rejette, tout est fini pour le demandeur, sauf possibilité de l'appel, lorsque ce moyen fut organisé. Si la restitutio est accordée, cela entraîne des effets que nous étudierons dans le chapitre suivant.

CHAPITRE TROISIÈME.

DES EFFETS DE LA RESTITUTION.

Si nous supposons que le magistrat juge convenable d'accorder la restitution, deux hypothèses doivent être distinguées, quant à la marche à suivre pour en poursuivre les conséquences, mais il importe d'observer que dès maintenant et en dehors de toute autre procédure, le résultat auquel il faut limiter l'effet direct et immédiat de la restitution, est acquis au demandeur qui triomphe dans l'instance en restitution.

Ce résultat, c'est tout d'abord la mise à néant du jugement précédemment rendu, et par suite, s'il y a eu un commencement d'exécution, le droit de répéter les sommes versées. Là, se borneront les effets de la restitution dans certains cas, lorsque par exemple il s'agira d'une sentence condamnant un mineur de vingt-cinq ans à exécuter un contrat; l'annulation du jugement de condamnation ne doit pas avoir pour but de permettre à la personne qui a traité avec le mineur d'intenter une nouvelle demande pour exiger l'exécution du contrat.

Mais le plus souvent, l'annulation du jugement précédemment rendu ne suffira pas à réparer le préjudice éprouvé. La restitution produira alors des effets plus étendus et plus conformes à sa dénomination. Elle restituera aux parties en cause les droits et actions qui leur appartenaient antérieurement à l'instance annulée, et que la litis contestatio avait éteints. Cette restitution ne portera d'ailleurs que sur les actions ayant directement trait au débat qui a motivé le jugement contre lequel la restitution est accordée. Par exemple, la restitution au mineur de l'action tutelæ directa contre son tuteur, n'implique pas restitution à ce dernier de l'action tutelæ contraria, laquelle est complètement indépendante de la précédente (L. 28, de minor., IV, 4.).

La restitution des actions éteintes permettra à la partie lésée d'obtenir, sur le litige pendant au fond, une nouvelle décision judiciaire plus conforme à l'équité. C'est quant à la manière dont cette décision est rendue, qu'il faut distinguer les deux hypothèses dont nous parlions au début de ce chapitre ; le moment est venu de nous en occuper, en observant simplement que nous sortons ici du terrain véritable de la restitutio in integrum. Nous ne devons pas perdre de vue en effet, que, une fois le jugement préjudiciable annulé et les actions antérieures reconstituées, le rôle de la restitution envisagée comme moyen de recours contre le jugement est terminé.

Le rétablissement des parties dans les droits et actions dont elles jouissaient antérieurement a pour but, avons-nous dit, de provoquer un nouveau jugement, tranchant la contestation pendante au fond. Comment et par qui ce jugement sera-t-il rendu? C'est ici qu'il faut distinguer deux manières de procéder :

1° Il se peut que le magistrat qui a délivré la restitution en poursuive toutes les conséquences, c'est-à-dire statue lui-même, et par le même décret, sur le sort du litige que la restitution a fait renaître.

2° Ou bien, après avoir fait revivre les actions éteintes, le préteur renvoie l'examen de l'affaire principale à un judex ; à cet effet, il organise un nouveau judicium avec une nouvelle formule basée sur les actions rétablies, qui étaient dites pour ce motif, fictices ou utiles. Ce second procès nous est signalé par les jurisconsultes romains sous le nom de : *judicium rescissorium* ou *restitutorium* (L. 46, § 3, de procur., III, 3).

Par opposition, les interprètes modernes ont appelé l'instance en restitution tranchée par le décret du magistrat : *judicium rescindens.*

Cette distinction du judicium rescindens et du judicium restitutorium a été niée par quelques auteurs.

Les uns se sont refusés à admettre l'existence du judicium rescindens (1).

Tout en critiquant ce que cette dénomination, de création moderne, peut avoir d'inexact, on est, croyons-nous, obligé de reconnaître qu'une cognitio extraordinaria devait toujours précéder le judicium restitutorium. La Loi 13, § 1, de minor., notamment, fait, à propos d'une vente contre laquelle un mineur obtient restitution, ressortir l'opposition entre les deux décisions successives : « rescissa alienatione, dato in rem judicio. » La rescision de la vente marque l'intervention du préteur ; l'action en revendication, qui en est la conséquence, nécessite un ju-

---

(1) Not. Zimmern., cité par Stædtler, loc. cit., p. 126, par Mainz, t. I, p. 607.

dicium distinct, dont la sentence du judex sera le dénouement.

En sens inverse, on a soutenu (1) qu'il n'était jamais besoin d'un judicium restitutorium. Ici encore des textes formels condamnent cette opinion. Il suffit de lire, entre autres, la Loi 46, § 3, de procur. (III, 3), qui décide que, lorsqu'un demandeur a obtenu restitution contre un jugement, le procurator qui a figuré dans ce jugement pour le compte de la partie adverse peut être contraint à remplir le même office dans le judicium restitutorium. Il demeure donc établi, qu'à la suite de la cognitio prætoris ou judicium rescindens, pouvait intervenir un judicium restitutorium porté devant un judex.

Quelques auteurs (2) ont voulu aller plus loin et partager le judicium rescindens lui-même en deux parties, dont l'une pourrait être abandonnée par le magistrat au juge ordinaire. Il est évident que la question de savoir s'il y a lieu d'accorder la restitution comprend nécessairement une question de droit et une question de fait. Il faut examiner d'abord si les faits allégués par le demandeur sont vrais, puis, ces faits étant prouvés, s'ils sont de nature à motiver la restitution.

Or, suivant ces auteurs, le magistrat abandonnerait quelquefois à un juge la question de fait concernant la vérité des allégations du demandeur. L'office du préteur se bornerait, en pareil cas, à se prononcer sur la valeur des motifs invoqués comme cause de restitution.

(1) Vinius, cité par Mainz, t. I, p. 607, note 7.
(2) Böcking. Pand., § 132. Puchta. Inst., § 177, rapportés dans Stædtler, loc. cit., p. 127.

Cette opinion très ingénieuse et qui tend à assimiler le plus possible l'instance de la restitutio in integrum aux instances ordinaires, ne peut se justifier par aucun argument de texte sérieux.

Aussi a-t-elle été repoussée par la plupart des auteurs modernes (1).

Après avoir ainsi constaté que le préteur, tantôt statuait lui-même sur le fond par la cognitio, tantôt en renvoyait la solution à un judex en organisant le judicium restitutorium, on peut se demander dans quels cas l'une ou l'autre de ces manières de procéder était employée.

Aucune règle n'est tracée par les textes sur le choix à faire entre elles.

On peut donc supposer que le préteur organisait habituellement un judicium restitutorium, parce que ce moyen respectait mieux les formes de la juridiction ordinaire. Dans certains cas cependant, le magistrat se dispensait d'y recourir et trouvait préférable de trancher lui-même la contestation. Il devait en être ainsi, lorsque la solution de l'affaire se rattachait si intimement aux motifs de restitution que le fait d'accorder cette dernière préjugeait la décision sur le fond. Il en était forcément de même, lorsque la décision, contre laquelle la restitution était accordée, émanait du magistrat lui-même ; ou lorsque la restitution n'était délivrée qu'à l'égard de l'un des chefs du jugement, lequel était maintenu pour le surplus.

Lorsque, par suite de l'abolition de la procédure formulaire, les deux rôles du judex et du magistrat furent

(1) Not. Savigny, § 337, in fine.

réunis dans la personne de ce dernier, le judicium restitutorium disparut, et ce fut le magistrat qui, après avoir
concédé la restitution dut, dans tous les cas, statuer sur
la contestation pendante au fond.

Cette confusion entre les rôles du magistrat et du juge
explique le petit nombre de textes du Digeste qui mentionnent le judicium restitutorium. Cela justifie jusqu'à
un certain point l'erreur dans laquelle sont tombés les
auteurs qui ont contesté l'existence de cette instance
devant le judex.

Déjà, à plusieurs reprises, nous avons eu l'occasion de
signaler l'étendue et l'importance des pouvoirs qui appartenaient au préteur, sur le point de savoir si la restitution
devait être accordée ou refusée, et nous avons fait ressortir les dangers qui pouvaient en résulter pour les parties.

L'arbitraire du préteur devint encore plus à craindre
sous l'Empire alors que le contrôle populaire ne pouvait
plus s'exercer contre le magistrat à sa sortie de charge.
Ce danger fut, dans une certaine mesure, atténué par
l'organisation de divers moyens de recours contre la décision rendue par le magistrat sur la demande de restitution.

Et d'abord, contre le refus de restitution l'appel est
possible, L. 1, C., si sæp. (Il, 44), à la condition d'être interjeté dans les délais ordinaires de l'appel.

Cette même loi (L.1, si sæp.), ajoute en outre que si c'est
un mineur qui s'est vu refuser la restitution il pourra
être restitué contre l'expiration du délai d'appel : « Si ad-
huc in ea ætate estis cui subveniri solet, appellandi jus
vobis restituimus. »

Exceptionnellement, le refus de restitution pourra donner lieu à une seconde demande en restitution, si celle-ci est fondée sur des motifs différents : « In una eademque causa iteratum in integrum restitutionis auxilium non jure nisi novæ defensiones prætendantur, posci sæpe rescriptum est », dit la Loi 3, C., si sæp. (ll. 44).

La partie contre laquelle la restitution est accordée, pourra également attaquer la décision du magistrat au moyen de l'appel. La Loi 39 pr., de minor., prévoit formellement l'hypothèse.

La restitutio in integrum assujettie, quant à sa délivrance, à des conditions strictement déterminées, et subordonnée à la possibilité d'un appel, avait perdu, dans le droit de Justinien, le caractère d'une voie de recours extraordinaire et anormale.

D'un autre côté, sous le rapport des personnes qui pourraient l'invoquer, la restitution était demeurée un moyen de recours exceptionnel.

Son champ d'application s'était, en outre, considérablement resserré depuis que la procédure romaine avait perdu de son rigorisme; il se limitait presque exclusivement aux mineurs et aux absents.

Ainsi restreinte, l'utilité de la restitutio in integrum, donnée contre les sentences judiciaires, n'était plus en rapport avec les inconvénients que son emploi soulevait. Il semble qu'on aurait pu la remplacer quant à la protection des mineurs et des absents par un autre procédé, qui aurait eu l'avantage de ne pas porter atteinte à l'autorité de la chose jugée.

Si donc une institution paraissait destinée à disparaître avec la chute de l'empire romain, c'était, à coup sûr,
l'in intcgrum restitutio dirigée contre les jugements.

Il n'en fut rien cependant, et on peut la retrouver chez
les peuples modernes qui ont fait du droit romain le fond
de leur législation.

Mais, auparavant, elle avait été adoptée par le droit
canonique dont nous nous proposons de dire quelques
mots en finissant cette étude.

Aubert.   6

APPENDICE.

LA RESTITUTIO IN INTEGRUM EN DROIT CANONIQUE.

Constatons tout d'abord que la restitutio in integrum, envisagée comme voie de recours contre les jugements, accentue, en passant dans le droit canonique, son caractère de privilège accordé à telle ou telle catégorie de personnes.

En droit romain, elle ne présentait ce caractère qu'au regard des mineurs de vingt-cinq ans, le droit canonique assimile aux mineurs les églises et, en général, toutes les personnes morales religieuses (1).

Quant aux majeurs de vingt-cinq ans, ils [ne peuvent guère obtenir la restitution que pour absence; du moins c'est la seule cause mentionnée par Tancrède (2). Au surplus, cet auteur distingue suivant que l'absence a eu une cause nécessaire ou seulement *probabilis*.

Dans la première hypothèse, si l'absent a été légitimement défendu, il n'est restitué qu'à l'égard de l'appel dont la voie lui est ouverte, alors même que le délai même sera expiré; s'il n'a pas été légitimement défendu, il est restitué contre toute la procédure.

Dans le cas d'une *absentia probabilis*, l'absent, légiti-

(1) Cap. 3, X, 1, 41.
(2) Tancrède. De ord. judic. Édit. Bergmann, liv IV, t. 6, § 2.

mement défendu, n'est jamais admis à demander la restitution ; celui qui n'a pas été défendu est restitué seulement contre la déchéance de l'appel.

Nous ne nous sommes arrêtés à cette classification assez arbitraire que parce qu'elle montre la manière dont les jurisconsultes canoniques ont concilié les textes contradictoires en apparence : (L. 8 de in integr. rest., IV, 1, LL. 26, § 9 et 39 pr. ex quib. caus. majores IV, 6), textes que nous avons cherché à expliquer différemment (p. 34 et suiv.).

Voilà pour les justæ causæ ; quant aux autres conditions de fond et de forme de la restitution, le droit canonique reproduit toutes les règles du droit romain.

Ainsi, la demande en restitution doit être faite par la partie lésée ou par son représentant spécialement constitué (Tancr., loc. cit., § 3).

Le mineur a, pour agir, quatre années consécutives, à compter du jour où il a accompli sa vingt-cinquième année. Quant aux personnes morales, il y avait, paraît-il, controverse ; Tancrède est d'avis qu'il faut leur accorder quatre années *a die lesionis*. Pour les absents le délai de quatre ans court à compter de leur retour.

Le magistrat chargé de délivrer la restitution est, comme en droit romain, le juge ordinaire du défendeur, lequel a pouvoir pour restituer contre sa propre sentence, ou celle d'un juge supérieur ; jamais contre la décision rendue par une juridiction plus élevée.

La demande en restitution, dès qu'elle est formée, a pour but d'arrêter l'exécution de la sentence contre laquelle elle est dirigée.

Enfin la restitution accordée entraîne l'annulation du jugement précédemment rendu et l'instance est à recommencer. Comme le dit Tancrède (loc. cit. IV, 6, princ.): « Sententia per beneficium in integrum restitutionis sublevatur ac scinditur et judicium renovatur. »

———

DROIT FRANÇAIS

DES

CAUSES D'OUVERTURE A CASSATION

EN MATIÈRE CIVILE

PRÉLIMINAIRES.

Le pourvoi en cassation permet de déférer à un tribunal suprême, unique, institué à cet effet, tout jugement en
dernier ressort dont on demande la rescision pour une
des causes suivantes : violation ou omission des formalités substantielles, incompétence ou excès de pouvoir,
violation ou fausse interprétion de la loi, contrariété de
jugements émanés de tribunaux différents (1).

Cette définition met pleinement en lumière les traits
caractéristiques de la cassation en droit français. Voie de

(1) Glasson. Éléments de droit français, t. II, p. 295.

recours extraordinaire, le pourvoi en cassation peut être dirigé contre tout jugement rendu en dernier ressort pour en obtenir la rescision ou l'annulation; il se rapproche par là des autres voies de recours exceptionnelles : la requête civile et la revision, spéciales, il est vrai, l'une aux matières civiles, l'autre aux matières criminelles et correctionnelles, mais il se sépare nettement de ces institutions par son fondement; tandis que la requête civile et la revision tendent, l'une et l'autre, à la réparation d'une erreur de fait, le recours en cassation a pour cause une erreur de droit : la contravention à la loi. Enfin, à la différence de la requête civile, introduite devant le tribunal même qui a rendu la décision attaquée, le pourvoi en cassation est porté devant une juridiction spéciale : Tribunal, aujourd'hui Cour de cassation, ayant pour mission de casser le jugement à elle déféré, et de renvoyer ensuite la cause à un autre tribunal chargé d'examiner et de juger le fond à nouveau (1).

Aussi a-t-on dit très justement : « la demande en cassation est un nouveau procès bien moins entre les parties qui figuraient dans le premier, qu'entre l'arrêt et la loi (2) », et d'une façon plus expressive : « ce n'est pas le procès qu'il s'agit de juger, c'est le jugement (3). »

---

(1) L. 27 nov. 1790, art. 3 .... Sous aucun prétexte et dans aucun cas le Tribunal de cassation ne pourra connaître du fond des affaires. Après avoir cassé les procédures ou le jugement, il renverra le fond des affaires aux tribunaux qui devront en connaître, ainsi qu'il sera fixé ci-après.

(2) Henrion de Pansey.

(3) Toullier. Cité par Carré. Traité de l'organis. jud. et de la compétence des jurid. civiles, t. VIII, p. 136.

La nature spéciale de la juridiction exercée par la
Cour de cassation nous est expliquée par le législateur lui-même en ces termes : le tribunal de cassation n'est point un degré d'appel ou de juridiction ordinaire, il n'est institué que pour ramener perpétuellement
à l'exécution de la loi toutes les parties de l'ordre judiciaire qui tendraient à s'en écarter (1). Ainsi, l'observation uniforme de la loi, c'est-à-dire l'unité de la jurisprudence, voilà le but que le législateur se proposait, et qu'il
a chargé la Cour de cassation de poursuivre. Un principe
important se dégage de cette idée : la Cour de cassation
n'est pas un troisième degré de juridiction, elle n'a pas à
connaître du fond des affaires et des points de fait sur
lesquels les juges se sont prononcés, la Cour, en un mot,
ne connaît point du mal jugé, parce qu'elle n'est point
instituée dans l'intérêt des justiciables.

Cette considération aurait dû conduire, semble-t-il, à
réserver l'exercice du recours en cassation au représentant du Gouvernement, agissant dans l'intérêt de l'ordre
public et du respect dû à la loi. On ne l'a point fait. Et,
tout en attribuant au procureur général près la Cour de
cassation le pouvoir d'agir dans l'intérêt de la loi, le législateur a autorisé à se pourvoir devant la Cour régulatrice : le ministère public, dans l'intérêt de l'action qui lui
est confiée par la société, et les parties elles-mêmes dans

(1) Décret 29 sept.-21 oct. 1791, dans Dalloz. Rep. Cass., p. 24,
note 7.
(2) « Le Tribunal de cassation n'est pas le juge des faits, mais le
conservateur des règlements et des formes ». 9 nivôse, an III, dans
Tarbé. Lois et Règlements, n° 520, note c.

leur intérêt particulier. C'est qu'en effet le meilleur moyen
d'assurer l'exacte observation de la loi était de faire par-
ticiper à sa défense les justiciables eux-mêmes.

Une étude détaillée de la théorie de la cassation exige-
rait, pour être complète, d'abord l'examen des conditions
requises pour qu'un pourvoi intenté le soit régulièrement,
il faudrait déterminer notamment, par qui et contre qui ce
pourvoi peut être formé, contre quels jugements il peut
être dirigé. Il faudrait ensuite passer en revue les différentes causes pour lesquelles la cassation, régulièrement
sollicitée, peut être prononcée ; il resterait enfin à voir
quels sont les effets directs et immédiats de l'arrêt de
cassation. Ainsi délimitée dans ses grandes lignes, cette
étude demanderait, pour être approfondie, des développements dépassant de beaucoup le cadre assez restreint
d'une thèse ; d'ailleurs, envisagée sous l'aspect le plus
général dans sa formation historique et dans son état
actuel, la théorie de la cassation a été l'objet d'un récent
mémoire (1), qui laisse difficilement place à de nouvelles
recherches. Il est cependant un côté de cette théorie qui
nous a semblé mériter de plus longs développements que
ceux que nous rencontrons dans le remarquable travail
auquel nous faisons allusion, très abondant en détails sur
d'autres points ; nous voulons parler de la distinction si
délicate entre le fait et le droit, et de la délimitation entre
les pouvoirs respectifs des tribunaux du fond et de la
Cour suprême. L'auteur du mémoire s'est borné sur ce

(1) Origines, conditions et effets de la cassation, par E. Chénon,
Paris, 1882.

point à l'exposition des principes les plus généraux; il ne pouvait songer, dit-il, à entrer dans la discussion des controverses soulevées par les auteurs, ce qui l'aurait contraint à passer en revue toutes les matières du droit. Sans entreprendre nous-même un semblable examen, qui dépasse de beaucoup les dimensions d'une simple thèse, nous avons pensé qu'une étude détaillée des questions les plus importantes parmi celles qui sont encore aujourd'hui débattues, serait intéressante, et voilà pourquoi, d'une part restreignant notre champ d'étude aux matières civiles, et d'autre part laissant complètement de côté les conditions de formes et les effets du pourvoi en cassation, nous nous proposons de traiter ici : des causes d'ouverture à cassation en matière civile.

Rechercher les causes d'ouverture à cassation, c'est déterminer les cas dans lesquels un pourvoi en cassation, régulièrement formé, sera fondé et devra entraîner cassation. A proprement parler, ces divers cas n'en forment qu'un : la violation de la loi, qui seule, comme nous le constatons en commençant, peut motiver l'intervention de la Cour suprême. Seulement, cette violation peut se produire sous des aspects différents. Suivant que les juges ont dépassé les bornes de leur compétence, négligé les formes judiciaires dont leur décision devait être revêtue, ou que, statuant au fond, ils se sont mis en contradiction soit avec une loi déterminée, soit avec une décision rendue par un autre tribunal sur la même contestation, on dit que la violation de la loi se produit, en la forme dans les deux premiers cas, au fond dans les deux autres. Cette distinction entre la violation de la loi en la forme et

celle quant au fond, apparaît dans le décret du 27 novembre
1790, article 3, et dans les articles des constitutions de
1791, de l'an II et de l'an III, qui ont reproduit la disposition
du décret de 1790 à peu près dans les mêmes termes. Ces
divers textes disent en substance : le tribunal de cassation cassera le jugement, qui aura été rendu sur une
procédure dans laquelle les formes auront été violées
ou qui contiendra un contravention expresse à la loi.
On a fait, en outre, remarquer très justement que cette
distinction trouvait sa raison d'être dans la terminologie
à employer pour désigner, dans l'un et l'autre cas,
l'effet de l'arrêt de cassation sur le jugement attaqué. Le
jugement entaché de nullité de forme n'existe pas à proprement parler, et par suite, la Cour suprême n'a pas
à le casser, elle l'annule. On dira, au contraire, très
exactement, que la Cour casse les jugements réguliers
en la forme, mais violant une loi au fond. Il faut seulement
convenir que le langage de la loi ne présente pas cette
correction ; les termes d'annuler et de casser sont employés par elle indifféremment et comme s'appliquant à
la fois à l'irrégularité de forme et à la violation de la loi
au fond (1).

Écartant cette division en deux groupes, nous retrou-
vons celle que nous indiquions en premier lieu, rame-
nant à quatre types les divers cas d'ouverture à cassation : 1° violation de certaines formes ; 2° incompétence
et excès de pouvoir des juges ; 3° violation de la loi quand

---

(1) Loi du 27 nov. 1790, Const. 3-14 sept. 1791, titre III, ch. IV,
sect. I, art. 20.

au fond ; 4° contrariété de jugements rendus par des tribunaux différents.

Ces quatre causes résultent de la combinaison de divers documents législatifs : décrets 27 novembre 1790 (art. 3), 4 germinal an II (art. 2); constitutions de l'an II (art. 99), de l'an III (art. 255), et de l'an VIII (art. 66); lois du 27 ventôse an VIII (art. 80 et 88), et du 20 avril 1810 (art. 7). C'est d'après cette classification, qui a le double mérite d'être traditionnelle et d'être très généralement suivie par les auteurs, que nous allons étudier les causes d'ouverture à cassation. Mais avant de les examiner dans la législation actuelle, recherchons leurs origines et disons ce qu'elles étaient dans l'ancien droit.

PREMIÈRE PARTIE

LES CAUSES D'OUVERTURE A CASSATION
DANS L'ANCIEN DROIT.

On reconnaît communément aujourd'hui qu'il ne faut chercher l'idée première de la cassation dans aucune institution similaire appartenant, soit au droit romain, soit au très ancien droit français.

En droit romain, nous avons pu constater à propos de la restitutio in integrum l'absence d'une voie de recours spéciale aux erreurs de droit. Non pas que les jurisconsultes romains ignorassent la distinction entre le mal jugé ou erreur de fait et la contravention à la loi (plébiscites, sénatus-consultes, constitutions impériales) ; cette distinction est, au contraire, très nettement indiquée dans la L. 1, § 2, quæ sent. sine appel. ; mais, ce même texte nous apprend que les jugements contraires à la loi (contra sacras constitutiones) étaient par ce fait même entachés d'une nullité (nullius momenti), qu'on faisait valoir en dehors de l'appel, au moyen sans doute de la revocatio in duplum ou en s'opposant à l'exercice de l'action judicati.

La contravention à la loi était donc réprimée par une

action en nullité, qui avait pour effet de mettre à néant le jugement prononcé, mais sans faire revivre l'action primitive qui y avait donné lieu, et que la litis contestatio avait éteinte. Les parties demeuraient dans l'impossibilité d'obtenir un nouveau jugement plus conforme au droit.

Quand aux voies de recours extraordinaires, telles que la supplicatio établie par Théodose le jeune, C., VII, 42, et la retractatio introduite par la Nov. CXIX de Justinien, dirigées toutes deux contre les sentences des préfets des prétoires, elles ont pour but de suppléer à l'appel qui n'était pas recevable à l'égard de ces décisions.

C'est également le caractère d'appel qu'on peut relever dans tous les recours exceptionnels imaginés par les premiers rois de France; un instant seulement, dans une constitution de Clotaire Ier, vers 560, apparaît vaguement l'idée de la réformation d'un jugement en contradiction avec la loi. Clotaire décide que le juge qui aura condamné quelqu'un injustement contre la loi (contra legem injuste damnaverit), devra corriger lui-même sa sentence par un examen plus attentif, après avoir été châtié par le roi ou par son évêque en son absence (1). Il ne faut pas, d'ailleurs, attacher trop d'importance à cette grossière ébauche de la cassation, inspirée visiblement par la supplicatio de Théodose. L'idée de la cassation, bien loin de se perfectionner avec les successeurs de Clotaire, s'efface et finit par disparaître complètement lorsque les traditions du droit romain se sont perdues et que l'établisse-

---

(1) Clotarii regis Const. Dans Dom Bouquet. Recueil des hist. des Gaules, IV, p. 116. Cfr. Chénon. Loc. cit., p. 10.

ment de la féodalité divise le territoire du royaume entre les justices seigneuriales. Puis, lorsque la suprématie royale commence à se reconstituer, nous voyons la supplicatio romaine réapparaitre sous la forme d'un appel adressé au roi; c'est la supplication organisée par saint Louis (ord. de 1260) (1).

Il faut arriver au commencement du xiv⁰ siècle pour rencontrer, non pas encore le principe de la cassation, mais l'institution qui devait lui permettre de s'introduire.

Par l'ordonnance célèbre du 25 mars 1302, Philippe-le-Bel tout en consacrant la souveraineté des arrêts du Parlement, devenu sédentaire à Paris vers le milieu du règne de saint Louis, autorisait en même temps, dans le cas où ces arrêts présenteraient quelque « ambiguité ou erreur », la réouverture des débats moyennant permission spéciale demandée au roi et délivrée par lui (2). Cette permission était dite à l'origine : *lettre de grâce de d.re contre arrêt ;* elle échangea, vers 1344, cette dénomination contre celle de : *lettres de proposition d'erreur,* parce que les parties qui la sollicitaient devaient formuler dans leur demande les propositions d'erreur, c'est-à-dire les griefs qu'ils alléguaient contre l'arrêt. L'ordonnance de 1302

(1) Dans Isambert. Recueil génér. des anc. lois franç., t. I, p. 284.
(2) Ordonnance de 1302, § 12 : « Si aliquid ambiguitatis vel erroris continere viderentur, ex quibus merito suspicio indicaretur, correctio, interpretatio, revocatio vel declaratio eorumdem ad nos, vel nostrum commune consilium spectare noscantur, vel ad majo-rem partem consilii nostri, vel providam deliberationem specialis mandati nostri et de nostra licentia speciali super omnia antea requisita servetur. » Ordonnance des rois de France, in-f⁰, t. I, p. 359.

attribuait la correction, interprétation, révocation ou déclaration de l'arrêt incriminé au roi, à son conseil commun ou à la plus grande partie de son conseil qu'il lui
plaisait de déterminer (1). Mais l'ordonnance ne distin-
guait pas les cas dans lesquels l'affaire devrait être portée
devant le roi, de ceux qui devraient être déférés au Parlement; elle ne s'expliquait pas davantage sur la nature
de l'erreur pouvant motiver le recours.

En fait, paraît-il, l'affaire était à l'origine tranchée,
dans tous les cas, par le Parlement sous la présidence du
roi (2). Quant à la nature|de l'erreur invoquée, si l'on en croit
un auteur postérieur, il est vrai, mais qui nous présente
la règle comme ayant toujours existé, il fallait proposer :
« erreur, non de droit, parce que la Cour ne peut errer,
mais de fait (3) ». La lettre de grâce de dire contre arrêt
jouait donc le rôle de notre requête civile avec une portée
plus large. L'idée de la cassation ne se montre pas encore, mais elle va s'introduire avec l'organisation d'une
juridiction supérieure à celle du Parlement. Chose singulière, un abus en fut la cause.

Mettant à profit le peu de précision des termes de l'ordonnance de 1302, les maîtres des requêtes de l'Hôtel-le-
roi, chargés de la rédaction des lettres de grâce de dire
contre arrêt, imaginèrent de renvoyer l'examen des questions les plus importantes au Conseil du roi, et le Conseil
se mit à reviser les jugements rendus par le Parlement

(1) Cfr. Glasson. Sources de la procéd. civ. française, N⁰ᵉ Rev.
dr. hist. fr., 1881, p. 410.
(2) Henrion de Pansey. De l'aut. jud., t. II, p. 168.
(3) Duret. Traicté des peines et amendes, 1610, in-12, p. 42.

comme si ce pouvoir lui avait été conféré par attribution spéciale (1). Le Conseil du roi exerçait ainsi une sorte de contrôle sur le Parlement; c'était méconnaître la prérogative de Cour souveraine attribuée au Parlement.

Il s'en suivit entre les deux assemblées un conflit, qui provoqua à de nombreuses reprises l'intervention des rois, mais que des ordonnances répétées ne purent faire cesser.

La tendance de ces ordonnances se modifia d'ailleurs, après une certaine époque, d'une façon remarquable. Pendant une première période qui s'étend de l'année 1302 jusqu'à la fin du xv° siècle, les divers rois qui se succèdent s'efforcent de résister à la pratique abusive du Conseil, et prescrivent aux maîtres des requêtes de renvoyer l'examen des lettres de grâce de dire contre arrêt ou de proposition d'erreur au Parlement, qui seul devra statuer sur la revision de l'arrêt attaqué. C'est ce que disent : Philippe-le-Long, ord., déc. 1320; Philippe de Valois, édit de 1331, ord. de 1344.

Ces injonctions royales ne paraissent pas avoir produit le résultat qu'on en pouvait attendre. Au milieu de l'anarchie et des troubles du règne de Charles VI, le Conseil du roi, non content de casser arbitrairement les arrêts du Parlement, *évoqua* les affaires par devant lui, les faisant ainsi échapper à la juridiction régulière (2). Charles VII

(1) Henrion de Pansey, loc. cit., t. II, p. 169.
(2) Pasquier. Recherches de la France, in·f°, t. I, col. 82, qui rapporte ce nouvel empiètement du Conseil du roi, ajoute « et à peu dire, toutes et quantes fois que les seigneurs qui gouvernaient avaient envie d'égarer quelques matières en faveur les uns des autres, ils en usaient de cette manière».

essaya par sa grande ordonnance de Montils-les-Tours (1453) de s'opposer à ces abus, ce fut en vain; avec Louis XI les évocations reparurent plus nombreuses que jamais, au point de soulever les vives réclamations des États-Généraux tenus à Tours en 1485 (1).

C'est à ce moment que nous pouvons constater un revirement dans l'esprit des ordonnances. Au lieu de continuer à réagir contre les empiétements du Conseil, Charles VII s'attache à les réglementer.

L'ordonnance du 2 août 1497, institue pour connaître des évocations une fraction du Conseil du roi, qui devient une nouvelle cour souveraine sous le nom spécialisé de *Grand-Conseil*. Louis XII par lettres patentes du 13 juillet 1498 (2) confirma l'institution.

C'est que l'utilité de cette juridiction venait de se manifester par la création des Parlements de province; en 1501 on en comptait sept, qui possédaient chacun, comme celui de Paris, la prérogative du dernier ressort. Il en résulta des conflits, lorsque des arrêts contraires étaient rendus sur les mêmes causes par des Parlements différents. Le Grand-Conseil, autorité supérieure, pouvait seul y mettre fin; ce qu'il fit en cassant l'un des arrêts.

La contrariété d'arrêt, voilà la cause d'ouverture à cassation qui apparaît la première. On en rencontre presque aussitôt deux autres : transgression des lettres d'État, mépris des récusations.

Les lettres d'État étaient des ordres adressés aux cours

(1) Cfr. Chénon, loc. cit., p. 23.
(2) Dans Isambert, t. XI, p. 296.
Aubert.

7

de justice d'avoir à suspendre le jugement des affaires
relatives à des personnes absentes pour le service du roi.
Comme ces lettres ne tardèrent pas à être délivrées pour
les motifs les plus insignifiants, les Parlements se refu-
saient à en tenir compte et virent leurs arrêts cassés pour
cette raison. Quant aux récusations elles provenaient également d'un abus. Sous les moindres prétextes, le Conseil
du roi récusait le Parlement chargé d'une affaire afin de
l'évoquer devant lui; si le Parlement passait outre, le
Conseil cassait l'arrêt et évoquait ensuite l'affaire (1).

Les évocations, récusations et cassations, laissées au
bon plaisir du Grand-Conseil se multiplièrent démesuré-
ment. Pour parer au scandale toujours croissant, François Ier réglementa l'évocation des procès pendants aux
Cours souveraines. Règlement du 18 mai 1529 (2). Le roi
prescrivait des enquêtes sérieuses, puis décidait que les
lettres d'évocation accordées n'auraient d'autre effet, que
d'amener le renvoi des causes et matières en suspens devant le plus prochain Parlement, à moins que les parties
ne consentissent à voir leur affaire retenue devant le
Grand-Conseil. C'était enlever complètement à l'évocation
son caractère arbitraire. Malheureusement le règlement
de 1529 contenait une disposition qui rendait à peu près
lettre morte la sage prescription précédente; le roi se réservait le droit d'évoquer au Grand-Conseil les causes
qu'il lui plairait de désigner.

Le Grand-Conseil conservait le droit de cassation pour

(1) Chénon, loc. cit., p. 24.
(2) Isambert, t. XIII, p. 312 et suiv.

contrariété d'arrêts ; il vit ce droit s'élargir par l'établis-
sement des présidiaux, édit de 1551. Cet édit accordait
aux jugements des présidiaux la prérogative du dernier
ressort. Les Parlements, auxquels ces nouvelles juridictions portaient ombrage, élevèrent la prétention de statuer en appel sur l'appréciation plus ou moins exacte que
les juges présidiaux pourraient faire de leur compétence.
Afin de réprimer cet excès de pouvoir, Henri II, par une
déclaration du 27 déc. 1574, autorisa les parties à se
pourvoir et le Grand-Conseil à casser ces arrêts des Parlements. Voilà une seconde cause de cassation, motivée
par l'incompétence ou excès de pouvoir ; elle devait être
la dernière dont la connaissance fut attribuée au Grand-
Conseil.

Quatre ans plus tard, en effet, le 11 août 1578, un règlement de Henri II reconnaissait et organisait une nouvelle juridiction supérieure : *le Conseil des parties*. Cette
institution, rivale du Grand-Conseil, s'était, comme lui,
introduite à la faveur d'un abus ; voici comment.

Depuis 1497, le Conseil du roi ne s'occupait plus que
des matières d'État, toutes les affaires contentieuses
étaient portées devant le Grand-Conseil, qui venait d'être
organisé pour en connaître. Mais après que Guillaume
Poyet eut été pourvu de l'office de chancelier, rapporte
Pasquier, c'est-à-dire vers 1538, le Conseil du roi, sous
l'inspiration du chancelier, se mit à attirer de nouveau à
lui les affaires intéressant les simples particuliers,
« pour matières mêmement qui se devaient décider dans
un Châstelet de Paris ou dans une cohue de Rouen (1) ».

(1) Pasquier, loc. cit., col. 84.

Cette coutume, toujours d'après Pasquier, eut grande vogue sous le règne du roi Henri II, et Henri III consacra la pratique de son Conseil mais en la transformant.

Par le règlement du 11 août 1578, le roi divisa le Conseil en deux sections. A la première, sous le nom de Conseil d'État, étaient attribuées « les matières concernant les finances, le repos, soulagement et conservation des provinces ». La deuxième, Conseil privé, ou, comme on l'appelait déjà, Conseil des parties, était chargée de connaître des demandes en cassation fournies par les particuliers (1). D'après l'article 13 de ce règlement, le Conseil des parties ne devait pas, en règle générale, connaître du fond des affaires ; il pouvait cependant s'attribuer cette connaissance (2).

D'après le règlement de 1578, le Conseil privé était donc appelé à remplir, à l'égard des particuliers, le rôle de notre Cour actuelle de cassation. A cette date, en effet, la notion de la cassation pour erreur de droit, telle que nous la concevons aujourd'hui, s'était précisée, en se séparant nettement des voies de recours fondées sur une erreur de fait, à savoir : la proposition d'erreur et la requête civile qui en était dérivée.

Cette distinction, on la rencontre pour la première fois formulée avec exactitude dans l'ordonnance de Blois (1579), d'une année postérieure à la création du Conseil des parties. Après avoir déclaré que les arrêts

(1) Règl. du 11 août 1578, dans Girard. Offices de France, t. I, p. 623, 624.
(2) Gauret, p. 533.

des Cours souveraines ne pourront être cassés ou rétrac-
tés que par les voies de droit, qui sont : la requête civile
et la proposition d'erreur, et par la forme portée par les
ordonnances, l'ordonnance de Blois donne à entendre ce
que signifie cette expression :« forme portée par les ordonnances », c'est de la cassation qu'il s'agit. Voici les termes mêmes de l'ordonnance de 1579, art. 208 : « Voulons
que les ordonnances faites, tant par nous que par les rois
nos prédécesseurs soient inviolablement gardées..... Dé-
clarons les jugements, sentences et arrêts, donnés contre
la forme et teneur d'icelles, nuls et de nul effet et valeur (1). »
L'édit de Rouen, 15 janvier 1597, reproduit cette disposition presque dans les mêmes termes. Si l'on observe,
d'une part, que les demandes en cassation étaient déjà trop
fréquentes pour que le législateur négligeât de s'en occuper, et si d'un autre côté l'on songe que la proposition
d'erreur et la requête civile comprenaient toutes les erreurs
de fait, on est forcé, pour donner un sens à ces mots :
« formes portées par nos ordonnances », de les appliquer
à la cassation ayant pour objet les erreurs de droit (2).

Ainsi, la notion de la cassation se précise vers la fin
du xvi° siècle avec le caractère qu'elle a de nos jours,
mais le pouvoir d'annuler le jugement attaqué par cette
voie de recours — pouvoir qui appartient aujourd'hui, à
l'exception des questions administratives, à la Cour de
cassation exclusivement — était en 1597 réparti entre
trois juridictions.

(1) Ordonnance de mai 1579, dite de Blois, dans Isambert, t. XIV,
p. 404 et 430.
(2) Henrion de Pansey. Op. cit., p. 208.

Le Grand-Conseil d'abord, qui avait conservé le droit
de casser pour contrariété d'arrêts émanés de parlements
différents, et qui, depuis 1574, avait reçu celui de casser
les arrêts rendus par les parlements sur la compétence
des juges présidiaux.

Venait ensuite le Conseil des parties, auquel était dé-
volue la cassation des arrêts n'intéressant que les particuliers (1). A raison des formes et garanties de procédure
dont cette cassation était entourée, le Conseil des parties
doit être regardé comme le véritable tribunal de cassation
de l'ancien droit.

Enfin, en vertu du règlement du 21 mai 1595, le Conseil
d'Estat et des finances (qui formait, on s'en souvient, l'autre
subdivision du Conseil du roi), avait la connaissance exclusive des contraventions « qui seraient faictes aux édits
et ordonnances de Sa Majesté, en ce qui concerne l'Estat
et le repos public » (2). Ce droit de cassation fut, à partir
de 1617, exercé par le Conseil des dépêches (une des sections du Conseil d'Estat), par voie d'arrêts dits *en com-
mandements* (3) ; c'est l'origine de nos pouvoirs dans
l'intérêt de la loi.

Tel était le régime de la cassation à la fin du xvie siècle ;
mais il faut se garder de croire qu'elle fonctionnât sans
résistance.

Le xviie siècle voit se succéder les remontrances
des parlements, qui protestaient, parfois violemment,

(1) De Miraulmont. De l'origine et establiss. du Parlement,
in-12, p. 188.
(2) Girard. Off. de France, t. I, p. 623.
(3) Tolozan. Règl. du Conseil, in-4°, p. 24 in fine.

contre la cassation de leurs arrêts. D'ailleurs, des abus se produisaient souvent; sous prétexte de casser pour contravention aux ordonnances, le Conseil des parties se déclarait insensiblement compétent en toute sorte de matières (1).

Une ordonnance du 27 février 1660, réglant la procédure à suivre devant le Conseil privé, fut la conséquence de ces plaintes. Mais, peu après, par un arrêt célèbre du 8 juin 1661, Louis XIV enjoignait impérieusement aux Cours souveraines, qui méconnaissaient souvent l'autorité des arrêts du Conseil, qu'elles eussent dorénavant à s'y soumettre (2).

La grande ordonnance de 1667, sur la procédure, tout en abolissant la proposition d'erreur, tombée en désuétude depuis quarante ans, au témoignage de l'abbé Fleury (3), et en déterminant avec précision les cas d'ouverture à requête civile, ne faisait qu'une vague allusion à la cassation dans l'article 8 du titre I, en déclarant : « tous arrests et jugements qui seront donnés contre la disposition de nos ordonnances, édits et déclarations, nuls et de nul effet et valeur (4) ».

Nous trouvons plus de détails sur les usages suivis à cette époque en matière de cassation dans l'abbé Fleury, qui distingue deux causes de cassation dont le Conseil des parties peut avoir à connaître, ce sont : la nullité de

(1) Plaintes de l'av.-gén. Denys Talon, dans Isambert, t. XVII, p. 343 in note.
(2) Cfr. Chénon. Loc. cit., p. 40.
(3) Cfr. Fleury. Inst. ou droit fr. (Ed. Laboulaye), t. II, p. 270.
(4) Dans Isambert, loc. cit., t. XVIII, p. 106.

l'arrêt et le fait des juges. « La nullité, dit Fleury, peut
consister dans la forme ou dans le fond ; dans la forme,
pour omission de quelque procédure portée par les ordonnances ; dans le fond, lorsqu'on a prononcé sur ce qui
n'était point contesté ou qu'on a adjugé à une partie plus
qu'elle ne demandait. Enfin, l'arrêt attaqué peut être cassé
pour le fait des juges, s'ils étaient valablement récusés
ou récusables, en sorte qu'on puisse croire qu'ils ont jugé
par intérêt, par affection ou par animosité, ou s'ils ont
jugé contre l'ordonnance, car, comme ils sont présumés la
« savoir, ils ne sont point excusables (1). »

En ce qui concerne la première cause de cassation :
nullité de l'arrêt, elle constituait également, aux termes
de l'article 34, titre XXXV, ordonnance de 1667, une cause
de requête civile, et c'était généralement par cette voie
qu'on faisait valoir le recours. L'abbé Fleury reconnaît,
en effet, « que pour les nullités, elles passent ordinairement en ouverture de requêtes civiles ». Reste la seconde
cause : fait des juges ou contravention à l'ordonnance,
nous dirions aujourd'hui, violation de la loi. En résumé,
pendant tout le xviiᵉ siècle, la théorie de la cassation ne
progresse pas ; à part quelques modifications peu importantes dans la procédure, elle demeure ce qu'elle était à
la fin du xviᵉ siècle.

Avec le règlement du 28 juin 1738, nous trouvons, au
contraire, une réorganisation et une transformation complète de la cassation.

Ce règlement, élaboré par les soins des deux fils de

(1) Fleury, loc. cit , p. 272, 273.

d'Aguesseau, sous l'inspiration du grand chancelier, est un véritable code de procédure pour le Conseil privé. Dans une première partie, le règlement traite de la procédure introductive d'instance des affaires portées au Conseil; la deuxième partie est consacrée à la procédure à suivre devant le Conseil, et à l'instruction des affaires. Nous n'avons pas à entrer dans l'examen des diverses dispositions de ce règlement; elles ont trait aux conditions de forme de l'instance en cassation et par conséquent ne rentrent pas dans notre sujet; notons seulement que la plus grande partie du règlement de 1738 est encore aujourd'hui en vigueur pour la procédure à suivre en matière civile devant la Cour de cassation (1).

Mais le règlement ne s'occupe pas des conditions de fond de la recevabilité de la demande en cassation. L'article 1er du titre IV, déclare que les demandes en cassation d'arrêts ou de jugements rendus en dernier ressort seront formées par une requête en forme de vu d'arrêt qui contiendra les moyens de cassation, sans nous dire quels sont les moyens qui pourront déterminer la cassation. Les titres V et VI mentionnent indirectement deux ouvertures à cassation, en prescrivant des formalités spéciales pour l'introduction d'instance de ces demandes. Ce sont : les demandes en cassation des jugements de compétence rendus en faveur des prévôts des maréchaux et des sièges présidiaux (titre V), et les demandes en contrariété d'arrêts, autres que celles dont la connaissance est attribuée au Grand-Conseil (titre VI).

(1) Cfr. pour plus de détails Chénon, loc. cit., p. 48 à 59.
(2) Règl. de 1738, dans Isambert, loc. cit., t. XXII, p. 55 et suiv.

A part ces deux indications succinctes, il n'est pas question dans le règlement de 1738 des ouvertures à cassation admises à cette époque. Nous pouvons heureusement combler la lacune à l'aide de mémoires rédigés en 1762, sur la demande de Louis XV, par deux conseillers d'État, MM. Joly de Fleury et Gilbert de Voisins. La rédaction de ces mémoires avait été provoquée par les remontrances des cours souveraines, blessées de la facilité avec laquelle les arrêts étaient cassés par le Conseil des parties.

Le mémoire de Joly de Fleury renferme les idées générales sur la cassation, et met nettement en lumière le principe essentiel qui était, déjà à cette époque, regardé comme le fondement de l'institution. « On n'écoute, dit Joly de Fleury, parlant des moyens de cassation, que ceux qui sont fondés sur une contravention claire et précise, aux ordonnances ; encore faut-il qu'il soit question d'une disposition importante, car c'est l'intérêt public et le respect de la loi, plus que l'intérêt des parties que l'on consulte. On a toujours tenu pour principe au Conseil que la cassation a été introduite plutôt pour le maintien des ordonnances, que pour l'intérêt des justiciables (1). » Ainsi le maintien des ordonnances, nous disons aujourd'hui le respect de la loi, voilà ce que la cassation a pour objet.

Le mémoire de Gilbert de Voisins, plus détaillé que le précédent, est aussi, pour nous, plus intéressant. Il nous donne, ce que nous n'avons pas rencontré dans le Règlement de 1738, une énumération des différentes ouvertu-

(1) Joly de Fleury, cité par Henrion de Pansey, loc. cit., p. 282.

res à cassation. Gilbert de Voisins en compte trois :
1° Violation ou omission de formalités substantielles;
2° Excès de pouvoir ou incompétence des juges; 3° Contravention aux ordonnances. Il faut ajouter, pour compléter la liste, les deux causes indiquées dans le Règlement de 1738; 4° Contrariété d'arrêts émanés de tribunaux différents; 5° Mal jugé à l'égard des jugements de
compétence rendus en faveur des prévots des maréchaux
et des sièges présidiaux.

Ces deux dernières causes, qui étaient, comme les trois
précédentes, portées devant le Conseil des parties, doivent être distinguées des deux causes analogues dont
l'examen était réservé au Grand-Conseil. Ceci demande
quelques explications que nous donnerons dans un instant; reprenons, auparavant les trois ouvertures mentionnées par Gilbert de Voisins.

Son mémoire nous fournit sur chacune d'elles des renseignements qui permettront ultérieurement de les comparer avec les causes d'ouverture similaires de notre droit
actuel.

Violation de formes. — Gilbert de Voisins nous indique un certain nombre d'hypothèses rentrant dans cette
ouverture : « Si dans la manière de procéder aux arrêts
et dans leur formation il s'est trouvé quelques irrégularités vicieuses, quelques défauts essentiels, comme si les
juges n'étaient pas en nombre requis, ou, qu'entre eux,
il y en eût qui manquassent de caractère ou de pouvoir;
si l'arrêt qui avait passé souffrait dans sa rédaction quelque changement sans l'aveu de tous; si, lorsqu'il y avait

partage, on a donné l'arrêt, dans ces cas et autres du même genre, il faut bien que le roi y pourvoie et casse ce qui s'est fait irrégulièrement (1). »

La violation de formes invoquée comme cause d'ouverture à cassation soulevait, dans l'ancien droit, une difficulté qui se présente encore de nos jours.

L'inobservation de certaines formes que nous venons de voir présentée comme une cause de cassation, constituait également, d'après l'ordonnance de 1667 (titre XXXV, art. 34), un moyen de requête civile ; d'un autre côté, l'option entre ces deux voies de recours était formellement prohibée par le règlement de 1738, qui décide (I p., t. IV, art. 24), que les cas de requête civile ne peuvent justifier une demande en cassation, sauf une hypothèse, celle où l'arrêt, de nature à motiver la requête civile, émanerait du Conseil des parties lui-même ; alors par exception les cas de requête civile deviennent cas de cassation. Dans ces conditions, il semble que la violation de formes ne devait jamais donner lieu à cassation. Les arrêts du Conseil en fournissent cependant des exemples (2), et voici comment, paraît-il, les deux voies de recours se combinaient en pratique. Si la partie n'a pas invoqué devant les juges du fond la nullité qu'elle veut maintenant produire, c'est par la voie de la requête civile qu'elle doit le faire ; la violation de formes étant présumée provenir d'une erreur, d'une omission involontaire des juges

(1) Gilbert de Voisins. Cité par Henrion de Pansey, loc. cit., p. 233.
(2) Voir not. arrêt du 6 août 1668, rapp. par Merlin. Quest. t. III, p. 233.

qui s'empresseront de la réparer. Si, au contraire, la violation de formes a été proposée et vainement invoquée devant eux, on peut dire que les formes ont été méconnues en connaissance de cause; il serait inutile de demander par la requête civile à ces mêmes juges, une rétractation qu'ils n'accorderaient pas ; c'est la voie de la cassation qu'il faut employer (1).

Excès de pouvoir ou incompétence. — C'est la deuxième des ouvertures dont s'occupe Gilbert de Voisins ; voici, d'après lui, ce qui distingue l'excès de pouvoir de l'incompétence. Les cours excèdent leurs pouvoirs « soit en entreprenant sur ce qui est réservé au roi par la législation pour le règlement de l'ordre public, la dispensation des grâces et des privilèges et autres choses de ce genre; soit en donnant atteinte aux titres émanés de sa puissance et revêtus de solennités légitimes. » Il y a incompétence « lorsque les tribunaux donnent à leur juridiction plus d'étendue qu'elle n'en doit avoir en entreprenant sur celle des autres (2).

Contravention aux ordonnances. — Elle forme une ouverture de cassation qui est regardée comme la principale, dit Gilbert de Voisins. C'est là un trait de ressemblance entre cette ouverture et celle qui y correspond dans notre droit actuel : la violation de la loi quand au fond.

(1) Voir Merlin, Quest., t. III, p. 283.
(2) Gilbert de Voisins, dans Henrion de Pansey, loc. cit., p. 234.

Mais la contravention à la loi était loin d'avoir, dans l'ancien droit, l'importance qu'elle a aujourd'hui, et cela pour plusieurs motifs. Les ordonnances n'embrassaient pas, tant s'en faut, l'ensemble de la législation ; sur nombre de points, surtout en matière civile, il fallait se référer aux usages locaux, coutumes, traditions romaines, ou à la jurisprudence de la province ; sur tous ces points la décision des tribunaux était à l'abri de toute censure. De plus, les ordonnances royales ne devenaient obligatoires pour les tribunaux d'une région qu'après publication et enregistrement préalable par le Parlement ou la Cour souveraine de la province. En l'absence de ces formalités qui soulevaient de fréquentes difficultés, l'ordonnance pouvait être méconnue sans que cette violation donnât lieu à cassation. Il en était de même si l'ordonnance était tombée en désuétude, ce qui se produisait assez souvent, ou si elle avait été révoquée. Tolozan le constatait dans ce passage de son commentaire sur le règlement de 1738 : « Si l'ordonnance avait été révoquée, ou était tombée en désuétude ; si elle n'avait jamais été publiée dans la province où l'affaire a été jugée, c'est-à-dire si elle n'a pas été enregistrée dans le tribunal où le jugement est intervenu, il serait impossible de l'opposer à ce jugement, parce qu'elle ne pourrait être réputée loi à l'égard des juges qui l'ont rendu (1). »

Pour que la contravention à l'ordonnance fût de nature

(1) Tolozan, Comment. s. le Règl. de 1738, p. 260. Ce travail, commencé sous la direction et d'après les conseils de d'Aguesseau, fut continué et publié par M. de Tolozan.

à entraîner cassation, il fallait la réunion de trois conditions qui nous sont indiquées par Tolozan (2) :

1° Qu'il y ait une loi vivante et connue (c'est-à-dire enregistrée) par les juges qu'on accuse d'y avoir contrevenu ;

2° Que la disposition du jugement soit contradictoire
de celle de la loi ;

3° Qu'il n'y ait rien dans le fait particulier de l'affaire
qui puisse faire disparaître la contradiction.

Ces deux dernières conditions, avec le sens restrictif
qu'elles avaient dans l'ancien droit, tendaient également
à rendre plus rares que maintenant les cassation pour
contravention à la loi. En effet, pour qu'on puisse dire
que le jugement contredit la loi, il fallait, toujours d'après
Tolozan « que la disposition du jugement et celle de la
loi soient tellement opposées, qu'elles se détruisent pour
ainsi dire respectivement, et qu'elles ne puissent subsister ensemble ». Joly de Fleury disait de même : « On
n'écoute que les moyens fondés sur une contravention
claire et précise, claire et littérale. »

Comme conséquence de cette doctrine on laissait aux
Cours souveraines, lorsqu'une disposition de loi était susceptible de plusieurs interprétations, la faculter d'adopter celle qui leur paraîtrait la plus raisonnable car « si la
disposition de l'arrêt peut être exécutée sans que la loi
en puisse recevoir atteinte, il serait contre toute raison
de présumer que les juges ont voulu contrevenir à la
loi ».

(1) Tolozan, loc. cit., p. 261.

La fausse interprétation et la fausse application de la loi ne suffisaient donc pas à motiver la cassation, et ceci se comprenait à une époque où l'unité de législation n'existant que sur les quelques matières réglées par les ordonnances, il était inutile de chercher à maintenir une uniformité de jurisprudence que l'on n'aurait pu réaliser sur les autres points ; de nos jours l'unification de la législation a eu pour résultat de modifier et d'étendre la notion de la cassation ; nous aurons, par la suite, à développer cette idée. Pour le moment, constatons, avec Tolozan, qu'il était assez rare, dans l'ancien droit, de voir réussir un pourvoi fondé sur une contravention aux lois concernant le fond « parce que quand la disposition du jugement a été bien éclaircie, il se trouve ordinairement que le juge a décidé seulement que la loi n'avait pas d'application à l'espèce qu'il avait à juger (1) ».

Pour d'autres raisons, cependant, la cassation d'arrêts souverains pouvait avoir lieu dans l'ancien droit plus fréquemment qu'aujourd'hui.

En parlant de ces cas de cassation et en indiquant leurs motifs, le langage de Tolozan devient vague et embarrassé : « Il y a certains principes généraux de justice et d'équité naturelle dont le maintien n'est pas moins essentiel à la conservation de l'État et à la sûreté des sujets du roi qu'à celui des ordonnances et de l'ordre judiciaire. Toutes les fois qu'ils se trouvent violés par les juges, comme il en résulte toujours nécessairement un danger pour la chose publique, et une espèce d'oppression en-

(1) Tolozan, loc. cit., p. 260.

vers l'une des parties, il est de la justice du souverain de venir à son secours et de la faire cesser en anéantissant le jugement qui l'y a réduit, quand il ne s'y trouverait aucune contravention aux ordonnances (1). »

On observera que, sous prétexte de sauvegarder les principes supérieurs d'équité, on ouvrait la porte toujours dangereuse de l'arbitraire. C'était exposer la cassation, voie légale et d'une utilité incontestable, à devenir entre les mains du roi un procédé commode pour porter atteinte à la libre administration de la justice. C'était, en outre, justifier les protestations et les remontrances des parlements contre le contrôle du Conseil privé.

Une autre pratique, non moins fâcheuse, peut expliquer l'impopularité qui s'attachait à la cassation dans l'ancien droit; c'est Tolozan qui nous la révèle. Tout en distinguant soigneusement la cassation, de l'appel « qui remet le fond en question », tout en décidant « que le Conseil, qui prononce la cassation d'un jugement, doit renvoyer le fond de la contestation devant d'autres juges pour y être jugé de nouveau », Tolozan déclare « que le fond des contestations se trouve quelquefois si intimement lié avec le moyen de cassation, ou d'une si grande importance, que le Conseil se trouve dans une espèce de nécessité d'en retenir la connaissance, parce qu'alors l'intérêt des parties et celui du public l'y déterminent également (2). »

Les raisons par lesquelles Tolozan prétend légitimer

(1) Tolozan, loc. cit., p. 261.
(2) Tolozan, loc. cit., p. 281.

Aubert.   8

cette dérogation sont d'ailleurs peu solides, « les parties n'ayant, dans le premier cas, qu'à employer les mêmes moyens qu'elles ont discutés sur la demande en cassation, il serait inutile de les renvoyer devant les juges ordinaires et de les exposer par là aux frais et aux longueurs d'une nouvelle instance, qui se trouve pour ainsi dire tellement préjugée par l'arrêt du Conseil qui a cassé le premier jugement, qu'il n'est pas possible de s'en écarter, et que le jugement qui est à rendre n'est qu'une pure forme à remplir. La question peut être telle dans le second cas, que ce ne soit que devant le roi ou son Conseil qu'il convienne de la terminer » (1).

Pour en finir avec les causes d'ouverture à cassation, il nous reste à présenter quelques explications sur les deux dernières causes, non mentionnées par Gilbert de Voisins, mais qui sont indiquées dans l'ordonnance de 1738 et dans le commentaire publié par Tolozan : la contrariété d'arrêts émanés de tribunaux différents ; le mal jugé à l'égard des jugements de compétence, rendus en faveur des prévôts des maréchaux et des juges présidiaux.

Contrariété d'arrêts. — La contrariété entre les décisions d'un même tribunal était rangée, par l'ordonnance de 1667 (titre XXXV, art. 34), au nombre des cas de requête civile ; lorsque les décisions émanaient de cours différentes, la contrariété devenait une cause de cassation ; seulement le jugement des instances auxquelles cette ou-

(1) Tolozan, loc. cit., p. 281.

verture donnait lieu appartenait, soit au Grand-Conseil,
soit au Conseil des parties, suivant une distinction rapportée par Tolozan (1). Le Grand-Conseil connaissait des
demandes en contrariété entre les arrêts des Parlements
et autres cours, ou entre les jugements rendus par les
présidiaux et autres officiers auxquels le pouvoir de juger
en dernier ressort avait été attribué. C'était le Conseil
des parties qui intervenait, lorsqu'un des arrêts atta-
qués émanait, soit du Grand Conseil, soit du Conseil des
parties lui-même, ou lorsqu'il s'agissait d'arrêts en dernier
ressort, rendus par les commissaires du Conseil ou aux
requêtes de l'Hôtel.

Mal jugé. — Quant au mal jugé à l'égard des jugements
de compétence, rendus en faveur des prévôts des maréchaux
et des juges présidiaux, il était porté devant le Conseil des
parties, qui jouait en pareil cas moins le rôle de tribunal de
cassation que celui d'une juridiction d'appel. Ceci se produisait à l'occasion des affaires criminelles que l'on permettait aux prévôts et aux présidiaux de juger en dernier
ressort. « Comme dans toute accusation, dit Tolozan, il
y a toujours deux degrés de juridiction et qu'en déclarant
compétents les officiers des maréchaussées ou des présidiaux, on prive l'accusé d'un degré de juridiction, on a
voulu corriger cette situation fâcheuse en lui ouvrant
une voie nouvelle pour se plaindre » (2). Le règlement de
1738 subordonnait en outre cette demande en cassation
à certaines conditions spéciales.

(1) Tolozan, loc. cit., p. 328.
(2) Tolozan, loc. cit., p. 309.

Mais il faut bien se garder de confondre cette ouverture
à cassation, toujours portée devant le Conseil des parties,
avec un autre cas de cassation, dont l'examen avait été
attribué au Grand-Conseil par la déclaration du 27 décembre 1574 (1). Ce cas, précédemment rapporté, c'est
celui où les Parlements prétendaient, malgré l'édit de
1551, statuer en appel sur les décisions rendues en dernier ressort par les juges présidiaux; c'est un cas de cassation pour excès de pouvoir.

Et maintenant, après avoir passé en revue les trans-
formations successives de la cassation, depuis ses origines jusqu'au règlement de 1738, qui en marque le
dernier progrès, nous pouvons porter un jugement d'ensemble sur l'état de la cassation à la fin de l'ancien droit.
A cette époque, l'idée qui est aujourd'hui le fondement
de la cassation, à savoir qu'elle a pour objet le maintien
de l'autorité de la loi et des ordonnances, est signalée
par tous les auteurs et même dans quelques arrêts du
Conseil des parties (2); la distinction entre le mal jugé et
la violation de la loi, la nécessité de renvoyer le jugement
du fond devant un autre tribunal après la cassation prononcée, sont également proclamées et admises. Enfin, la
contravention à la loi se décompose en diverses catégories ou causes d'ouverture à cassation, qui sont à peu près
les mêmes que celles reconnues aujourd'hui.
Que manquait-il donc à l'ancienne théorie de la cassa-

(1) Dans Isambert, t. XI', p. 272, 273 (art. 4, 5).
(2) Arr. du 18 déc. 1775, rapp. dans Isambert, t. XXIII, p. 290.

tion pour devenir la cassation actuelle? Deux choses :
1° plus de considération et d'autorité ; 2° un champ d'application plus vaste.

Il fallait, pour obtenir le premier résultat, assurer l'in-
dépendance, vis-à-vis du roi, du tribunal chargé de prononcer la cassation, en second lieu, ne permettre sous
aucun prétexte à ce tribunal de pénétrer dans l'examen
du fond. Ce fut l'œuvre de l'Assemblée Constituante qui,
après avoir proclamé le grand principe de la séparation
des pouvoirs, institua un Tribunal de cassation (Décret
27 nov., 1ᵉʳ déc. 1790). L'art. 3 de ce décret portait :
« Sous aucun prétexte et dans aucun cas, le Tribunal ne
pourra connaître du fond des affaires ».

Le second progrès ne put être réalisé qu'un peu plus
tard, après que l'unité de législation eut été décidée.
Alors et comme conséquence, on confia au tribunal de
cassation le soin d'assurer l'unité de jurisprudence devenue possible, en cassant, non plus seulement pour contravention au texte de la loi, mais encore pour fausse
interprétation et même, dans certaines hypothèses, pour
fausse application de la loi (Const. 3-14 sept. 1791, t. III,
ch. IV, sect. I, art. 20).

DEUXIÈME PARTIE

LES CAUSES D'OUVERTURE A CASSATION
DANS LE DROIT ACTUEL

CHAPITRE PREMIER.

DE LA VIOLATION DES FORMES LÉGALES.

C'est l'intérêt des justiciables qui a fait entourer l'exercice de leurs droits et de leurs actions de certaines formes de procédure, qui mettent, autant que possible, l'administration de la justice à l'abri des chances de surprise et d'erreur.

Le même intérêt exigeait que ces formes fussent exactement observées et voilà pourquoi, à une époque où l'on n'était que trop porté à tout simplifier, l'Assemblée Constituante n'hésita pas cependant à faire de la violation des formes légales un des principaux motifs de cassation.

Mais les diverses formes édictées, soit par le Code de procédure, soit par des lois spéciales, sont loin d'avoir toutes la même importance, elles ne doivent donc pas avoir la même sanction.

D'un autre côté, nous trouvons, par le rapprochemen-

de l'art. 3. de la loi du 27 novembre 1790 et l'art. 480-2°
du Code de procédure civile, deux voies de recours ouvertes au plaideur qui veut se plaindre d'une violation de
formes : le recours en cassation et la requête civile. Il
semble qu'il y ait double emploi. De là, pour nous, deux
questions à examiner : 1° Quelles formes doivent être violées pour qu'il y ait lieu à cassation ? 2° Comment la voie
de la cassation se combine-t-elle avec la requête civile ?

I. *Quelles formes doivent être violées pour qu'il y ait
lieu à cassation ?* — Nous ne nous occupons que des matières civiles. Les matières criminelles sont l'objet de règles un peu différentes, résultant de décrets spéciaux rendus par l'Assemblée Constituante.

L'art. 3 du décret du 27 novembre-1er décembre 1790,
après avoir dit : « Le Tribunal de cassation annulera
toutes procédures dans lesquelles les formes auront été
violées », ajoutait cette disposition équivoque : « et jusqu'à la formation d'un code unique, la violation de formes
prescrites à peine de nullité donnera ouverture à cassation. » On pouvait se demander si cette condition « d'être
prescrites à peine de nullité » était spécialement imposée
aux formes édictées par les lois antérieures à 1789, ou si
elle devait s'appliquer également à celles prescrites par
les décrets de la Constituante.

Le décret des 4-15 germinal an II trancha la difficulté
d'une façon trop radicale. Art. 2 : « A l'avenir toute violation ou omission des formes prescrites en matière civile,
par les décrets émanés des représentants du peuple depuis 1789, quand même ils ne prononceraient pas expres-

sément la peine de nullité, donnera ouverture à cassation. » — Art. 3 ; « En conséquence, la disposition de
l'art. 3, du décret du 27 novembre 1790, qui, jusqu'à la
formation d'un corps unique de lois civiles, ne permet de
casser les jugements pour violation des formes, que lorsqu'il s'agit de formes prescrites à peine de nullité, demeure restreinte aux formes déterminées par les lois antérieures à 1789, qui ne sont pas encore abrogées. »

On a quelquefois reproché à ce décret des 4-15 germinal an II, de n'avoir pas tenu compte de la différence qui
sépare les formalités essentielles de celles qui n'ont qu'un
caractère accessoire, en sanctionnant par la cassation la
violation des unes et des autres. La critique n'est pas fondée ; il faut en effet se souvenir que les formes de procédure prescrites, au moment où le décret de germinal an II
fut rendu, étaient réglées par le décret du 3 brumaire an II,
qui n'établissait que des formalités essentielles. Cependant le décret de germinal an II, est critiquable, mais
pour d'autres motifs. En sanctionnant ainsi par la nullité
toutes les formalités qui pourraient être prescrites par la
suite, le décret de germinal an II faisait trop bon marché
de l'intention du législateur à venir, lequel, en établissant
des formalités nouvelles, pouvait ne pas juger à propos
d'en assurer l'exécution par un moyen aussi radical.

Ce fut effectivement l'avis des rédacteurs du Code de
procédure de 1806, lesquels, dans l'art. 1030, déclarèrent :
« Qu'aucun exploit ou acte de procédure ne pourrait être
déclaré nul, si la nullité n'était pas formellement prononcée par la loi. » On généralisait, en l'appliquant aux formalités contenues dans le Code de procédure, le système

que le décret de germinal an II avait restreint aux formes
déterminées par les lois antérieures à 1789.

Ce décret de germinal an II se trouvait d'ailleurs implicitement aboli par l'art. 1041 du même Code de procédure, lequel abrogeait : « Toutes lois, coutumes, usages
et règlements relatifs aux procédures civiles » et la loi
du 20 avril 1810 confirmait cette idée dans son art. 7, en
disant : « Les arrêts rendus par les Cours impériales,
lorsqu'ils sont revêtus des formes prescrites à peine de
nullité, ne peuvent être cassés que pour une contravention expresse à la loi. »

Il est vrai que ce même art. 7 nous indique en outre
comme susceptibles d'être annulés : « Les jugements qui
n'ont pas été rendus publiquement, ou par le nombre de
juges prescrit par la loi, ceux qui ont été prononcés par
des juges n'ayant pas assisté à toutes les audiences de la
cause, ceux enfin qui ne contiennent pas les motifs. » Ces
diverses hypothèses correspondent à des formalités que
les lois antérieures ne prescrivaient pas à peine de nullité, mais auxquelles le législateur de 1810 donnait ce
caractère par son art. 7 ; ainsi l'on peut dire que, dans le
système de la loi, la violation des formes prescrites à
peine de nullité peut seule constituer une ouverture à
cassation.

Malheureusement, dans l'application, cette règle n'a-
boutit qu'à des résultats défectueux, parce qu'ils sont
incomplets ; on est, en effet, conduit à reconnaître qu'il
y a un grand nombre de formes, véritablement constitutives des actes, dont l'inobservation ne pourra être sanc-
tionnée, parce que le législateur a oublié de les prescrire

à peine de nullité. La jurisprudence et la doctrine ont
donc été amenées à élargir considérablement le principe
posé dans la loi. Voici le système auquel elles se sont ar-
rêtées :

En mettant à part les formalités prescrites à peine de
nullité, lesquelles ne donnent lieu à aucune difficulté, on
a réparti toutes les autres en deux classes. Certaines formalités, qui sont constitutives des actes et intéressent leur
existence même, sont appelées pour cette raison substantielles ; les autres, qui ne sont édictées que dans une
pensée d'ordre et de régularité, n'ont qu'une importance
accessoire, elles sont dites non substantielles. La violation de ces dernières ne devait certainement jamais entraîner cassation.

Mais que décider de la violation des formalités substantielles ?

Après hésitation, la jurisprudence s'est décidée à la
sanctionner par la nullité, suppléant ainsi à une lacune
de la loi (1).

La distinction entre les formalités substantielles et les
formalités accessoires doit servir à compléter l'art. 7 de
la loi de 1810, qui a trait aux formes dont les jugements
doivent être revêtus, tout aussi bien que l'art. 1080, qui
vise spécialement les formes des autres actes de procédure. Les raisons de décider sont les mêmes. On peut

(1) En Belgique, cette lacune a été comblée par une loi récente
(L. 25 mars 1876, art. 20), ainsi conçue : « Les arrêts et jugements
rendus en dernier ressort pourront être déférés à la Cour de cassation pour contravention à la loi ou pour violation des formes,
soit substantielles, soit prescrites à peine de nullité. » Ann. de
législ. étrang., VI, p. 472.

seulement se demander comment distinguer les formalités substantielles de celles simplement accessoires ? Aucune règle générale ne peut être tracée. On est donc forcé
de s'en remettre à la sagesse des tribunaux, qui, sous le
contrôle de la Cour de cassation, devront décider dans
chaque espèce quelle est la nature de la formalité omise.
Ainsi, sur l'art. 141, pr. civ., qui exige dans la rédaction
des jugements un certain nombre de mentions sans y attacher la sanction de la nullité, il a été jugé que la mention du nom des juges était une formalité substantielle,
partant dont l'inobservation devait entraîner cassation.
(Cass., 24 nov. 1834. Sir., 34, 1, 785.)

On a reconnu que la présence et l'intervention du procureur du roi était suffisamment marquée par l'indication
de son titre et que par suite il n'était pas nécessaire que
mention fût faite de son nom (Rej., 6 déc. 1835. D. P.,
36, 1, 319). Il a été décidé que l'énonciation des domi-
ciles des parties dans un jugement n'était pas une formalité substantielle, dont l'omission pût entraîner nullité.
(Rej., 28 mai 1834. D. P., 34, 1, 257.)

II. *Comment la voie de la cassation se combine-t-elle
avec la requête civile?* — Cette difficulté, qui existait sous
l'ordonnance de 1667 et dont nous avons eu à nous occuper précédemment, provient de ce que l'art. 480-2°, pr.
civ., autorise l'emploi de la requête civile contre les décisions en dernier ressort, dans lesquelles les formes
prescrites à peine de nullité ont été violées, alors que le
décret de nov. 1790 faisait déjà, de la violation de ces
mêmes formes, une cause d'ouverture à cassation.

Ce qui ressort tout d'abord du rapprochement de ces textes, c'est que la violation des formes substantielles, mais non prescrites à peine de nullité, ne peut donner lieu à requête civile; il faut décider de même, en ce qui concerne les quatre cas indiqués par l'art. 7-2° de la loi de 1810, et que cette loi range expressément au nombre des cas de cassation. Dans toutes ces hypothèses, le recours en cassation s'appliquera donc sans difficulté.

S'il s'agit de la violation des formes prescrites à peine de nullité, le conflit s'élève entre les deux voies de recours. Comment le résoudre ?

Il faut immédiatement écarter une première solution qui consisterait à laisser aux parties le choix entre les deux moyens; les principes sur lesquels sont fondés le pourvoi en cassation et la requête civile la rendent inadmissible. Il était de règle dans l'ancien droit, et rien n'indique que la législation actuelle en ait changé, que le pourvoi en cassation était subsidiaire à toutes les autres voies de recours; par suite, là où la requête civile est possible, pas de recours en cassation.

Il faut repousser de même le système non moins absolu qui soutient que l'art. 480-2°, Pr. Civ., exclut le pourvoi en cassation, dans le cas d'une violation de formes prescrites à peine de nullité.

Un grand nombre d'auteurs adoptent un moyen terme et tranchent la difficulté au moyen de la distinction ingénieuse que nous avons rencontrée dans l'ancien droit. Si la partie n'a pas encore invoqué devant les juges du fond les moyens de nullité, elle ne peut le faire que par la requête civile. Si, au contraire, les nullités ont été proposées et n'ont pas été admises par le tribunal saisi de la question du fond, la partie doit recourir au pourvoi en cassation.

À la place de cette distinction traditionnelle, on en a proposé une autre toute moderne. Remarquant que les quatre cas, indiqués dans l'art. 7 de la loi de 1810 comme ouvertures à cassation, constituent une violation de formes commise par les juges, et généralisant cette idée, on a voulu déférer à la juridiction de la Cour suprême tous les vices de formes imputables aux juges, et soumettre exclusivement aux juges de l'affaire la revision des vices de formes reprochables aux parties. Ce système, fort rationnel, ne repose pas sur un fondement juridique suffisant pour faire échec à l'argument tiré de la tradition ; toutefois, la considération qu'il invoque peut justifier une modification du système précédent.

De là une troisième opinion qui combine les deux systèmes. Si la violation des formes prescrites à peine de nullité provient du fait des parties, et n'a pas été invoquée devant les juges saisis de l'affaire, l'emploi de la requête civile est obligatoire ; dans toutes les autres hypothèses, on devra se pourvoir en cassation.

C'est à ce système que nous nous rattacherons ; la jurisprudence, après quelques hésitations, semble l'admettre aujourd'hui : « Attendu en droit, que l'observation des formes prescrites à peine de nullité ne saurait donner lieu au pourvoi en cassation, qu'autant qu'elle a été dénoncée aux juges et qu'ils ont été mis en demeure d'y statuer ; que dans le cas contraire le vice de la procédure n'étant que le fait de la partie, la voie de la requête civile est seule admissible suivant 480-2° pr. civ. (1). » (Req. 5 mars 1873. D. P., 73, 1, 285.)

A l'appui de notre opinion, nous pouvons enfin invoquer une grave autorité. Celle du décret des 4-15 germ. an II, lequel l'admettait formellement dans son art. 4 : « Si c'est par le fait de l'une des parties ou des fonctionnaires publics agissant à sa requête qu'a été omise ou violée une forme prescrite, soit à peine de nullité par les lois antérieures à 1789, soit purement et simplement par les décrets émanés des représentants du peuple, cette violation ou omission ne peut donner ouverture à cassation que lorsqu'elle a été alléguée par l'autre partie devant le tribunal dont celle-ci prétend faire annuler le jugement pour n'y avoir pas eu égard. »

Le décret de germinal an II se trouve implicitement abrogé par l'art. 1041, pr. civ.; mais, en l'absence d'un texte précis disant le contraire, il est permis de croire qu'il exprime encore l'opinion du législateur sur la question que nous venons d'examiner.

Observons en terminant que, quelle que soit la solution qu'on y donne, les cas de requête civile pour inobservation des formes prescrites à peine de nullité seront fort rares. Car ces nullités, si elles existent avant le jugement, seront le plus souvent couvertes, pour n'avoir pas été proposées devant les juges du fond.

(1) Cfr. dans le même sens. Cass., 17 nov. 1840. Dalloz. J. G. Cass., n° 1326.

CHAPITRE II.

On sait déjà que ces deux expressions, qui, dans le langage courant, sont souvent employées l'une pour l'autre, ne sont pas synonymes.

Nous avons précédemment constaté que l'ancien droit s'efforçait de les distinguer; on peut se rappeler ce que disait à cet égard Joly de Fleury, dans le passage rapporté plus haut. Suivant cet auteur, il y avait excès de pouvoir lorsque les Cours empiétaient d'une manière quelconque sur les pouvoirs réservés à l'autorité royale, en intervenant dans des questions, soit de gouvernement, soit de législation; il y avait seulement incompétence lorsque, sans sortir des attributions judiciaires, un tribunal donnait à sa juridiction plus d'étendue qu'elle n'en devait avoir d'après les ordonnances et entreprenait sur celle des autres cours. Il ne semble pas, d'ailleurs, que à cette différence dans les causes de cassation, l'ancien droit attachât des conséquences et des effets différents, suivant qu'il s'agissait d'un cas d'incompétence ou d'un cas d'excès de pouvoir. La distinction était donc purement théorique.

Dans le droit actuel, au contraire, la différence entre les deux causes d'annulation se traduit par des règles

parfois différentes. Ainsi, l'art. 80 de la loi du 27 vent.
an VIII organise une voie de répression spéciale aux excès de pouvoir. Aux termes de cet art. 80, le garde des
sceaux peut déférer à la chambre des requêtes de la Cour
de cassation, par l'intermédiaire de son procureur général, les actes entachés d'excès de pouvoir, lorsque ces
actes sont relatifs aux matières civiles. Ce recours extraordinaire, qui ne doit pas être confondu avec le pouvoir
dans l'intérêt de la loi, nécessite quelques explications ;
nous y reviendrons un peu plus tard. C'est encore pour
excès de pouvoir seulement et non pour cause d'incompétence, que l'art. 15 de la loi du 25 mai 1838 permet le
pourvoi en cassation contre les sentences des juges de
paix. Il y a donc une différence entre l'incompétence et
l'excès de pouvoir, on ne peut la contester, puisque la loi
la suppose, mais, comme nulle part elle ne la définit, il en
résulte qu'on a quelque peine à la préciser ; aussi les auteurs ont-ils été divisés sur la question.

Merlin prend l'expression d'excès de pouvoir dans son
sens le plus général. « Il y a excès de pouvoir, dit-il,
toutes les fois qu'un tribunal viole les règles de sa compétence ou qu'il crée des nullités. » Il a reproduit la même
idée sous une forme un peu différente : « Excès de pouvoir, c'est, de la part d'un juge ou d'un tribunal, l'acte
par lequel il sort du cercle de ses attributions et fait ce
dont la loi ne lui permet pas de s'occuper. » Même ainsi
restreinte, la formule est beaucoup trop générale et confond l'incompétence avec l'excès de pouvoir.

La distinction entre l'incompétence et l'excès de pouvoir a été agitée devant la Cour de cassation, à propos

de la loi du 27 ventôse an VIII. L'art. 80, que nous avons déjà cité, confère au gouvernement le droit de dénoncer à la chambre des requêtes les cas d'excès de pouvoir; l'art. 88 de la même loi organise le pourvoi dit dans l'intérêt de la loi : droit pour le procureur général près la Cour de cassation de se pourvoir devant la chambre civile dans toutes les hypothèses où les parties elles-mêmes le peuvent. Ainsi différence, au point de vue de la personne qui doit exercer le pourvoi, et au point de vue de la juridiction compétente pour en connaître. De là, nécessité évidente de déterminer le sens et la portée du mot excès de pouvoir que nous rencontrons dans l'art. 80.

M. le conseiller Mestadier, dans un rapport du 17 avril 1832, l'interprétait comme Merlin. « Ne serait-ce pas, disait-il, seulement lorsque l'ordre public a été blessé, ou la sûreté de l'état compromise, ou l'ordre des juridictions troublé, ou lorsque, franchissant le cercle dans lequel la loi a renfermé le pouvoir qu'elle lui a confié, le juge a entrepris sur les fonctions du législateur ou les attributions de l'autorité administrative, qu'il peut être permis de dénoncer l'excès de pouvoir à la chambre des requêtes. Si le juge ne fait rien de tout cela, il peut violer la loi, mal juger, trahir ses devoirs, faire un mauvais usage de ses pouvoirs, mais ne sortant pas du cercle de ses attributions, il ne se rend pas coupable d'excès de pouvoir dans le sens de l'art. 80 de la loi du 27 ventôse an VIII » (1). Dans ce système, on prend le mot excès de pouvoir lato sensu, en y faisant rentrer l'incompétence.

_____

(1) Rapp. du 17 avril 1832, dans Dalloz. Cass., n° 1043.
Aubert.   9

Reste seulement en dehors de l'application de l'art. 80 ce que Henrion de Pansey appelle l'abus de pouvoir.

Voici, en effet, la doctrine proposée par cet auteur : il distingue l'excès de pouvoir, l'abus de pouvoir, l'incompétence. « Le juge excède ses pouvoirs, lorsque, franchissant les limites de l'autorité judiciaire, il se porte dans le domaine d'un autre pouvoir. Il abuse de ses pouvoirs, lorsqu'il viole la loi ou qu'il prévarique dans l'exercice de ses fonctions judiciaires. Il en use incompétemment, lorsqu'il statue sur une question dont la connaissance appartient à un autre tribunal. Ainsi point d'excès de pouvoir, dans le jugement même le plus inique, le plus incompétent, en un mot le plus illégal, toutes les fois qu'il a statué sur une question qui par sa nature était judiciaire. Celui-là seul commet un excès de pouvoir, qui usurpe des fonctions étrangères à celles dont il est investi et que la constitution de l'État avait placées dans les attributions de l'un des autres pouvoirs de la société (1). »

Si on laisse de côté l'abus de pouvoir, qui correspond au mal jugé ou à la prévarication, la distinction de M. Henrion de Pansey n'est que la reproduction du système admis dans l'ancien droit ; c'est également celui auquel la Cour suprême semble s'être ralliée. M. le conseiller Lasagni, dans un rapport du 12 avril 1835, s'exprime ainsi : « La Cour de cassation a toujours distingué et avec raison le cas, où le tribunal était sorti du cercle de ses attributions en empiétant sur celles d'un autre tri-

(1) Henrion de Pansey, loc. cit., p. 254.

bunal....., et celui où le tribunal avait franchi les limites
de ses attributions pour empiéter sur celles du pouvoir
administratif, dans une affaire d'intérêt général. Dans le
premier cas, la Cour a bien vu un excès de pouvoir, car
ces mots, pris dans toute la latitude de leur signification,
renferment les violations quelconques des règles de la
compétence, mais elle n'y a pas reconnu l'excès de pouvoir dont parle l'article 80, et elle n'a pas cru devoir admettre l'action directe du gouvernement, autorisée seulement dans l'intérêt général de la société. Dans le second
cas, la Cour a pensé que la société avait été lésée dans
ses principes constitutionnels (la division des pouvoirs),
elle a vu alors, dans cette atteinte portée à l'organisation
sociale, l'excès de pouvoir prévu par l'article 80 (1). »

Ce rapport constate bien nettement que lorsqu'un tribunal empiète sur les attributions d'un autre, sans sortir
des attributions réservées à l'autorité judiciaire, il n'y a
pas excès de pouvoir proprement dit, mais seulement incompétence.

Ce qui donne au système qui y est exposé une valeur
décisive, c'est que la distinction sur lequel il repose se
trouve également formulée dans un discours de M. le
garde des sceaux à propos de la loi de 1838, sur les juges
de paix : « Quant aux excès de pouvoir, ils consistent,
non dans les actes par lesquels le juge de paix aurait empiété sur les attributions d'une autre juridiction (ce serait
l'incompétence), mais dans ceux par lesquels il aurait fait,
ce qui ne serait permis à aucune juridiction établie,

(1) Rapp. du 12 avril 1835, dans Dalloz, Cass., n° 1043.

comme, par exemple, s'il avait disposé, par voie de disposition réglementaire, fait un statut de police, taxé des denrées, défendu l'exécution d'une loi, d'un jugement, entravé des mesures prises par l'administration. Dans ces circonstances, toujours rares, mais importantes, l'ordre général est troublé, l'annulation de l'acte illégal ne peut être demandée à une autorité trop élevée (1). »

Nous adopterons cette doctrine et, généralisant ce que le ministre de la justice n'appliquait qu'aux justices de paix, nous dirons : qu'il y a incompétence, quand un tribunal empiète sur les attributions d'une autre autorité judiciaire ; excès de pouvoir, lorsqu'il s'arroge des pouvoirs qui n'appartiennent à aucune autorité judiciaire.

L'excès de pouvoir ainsi défini pourra donc motiver l'action directe du gouvernement, la protection des institutions exigeant en pareil cas une répression énergique et immédiate. L'article 80 de la loi du 27 ventôse an VIII contient la règle à suivre à cet égard ; mais cet article n'est plus applicable qu'en matière civile, il a été modifié pour les matières criminelles par l'article 441 du Code d'instruction criminelle. Nous n'avons pas à nous occuper de ces dernières ; disons seulement quelques mots d'une difficulté soulevée par l'application de la loi de ventôse an VIII.

A la différence de l'article 444, Inst. Cr., l'article 81 de la loi de l'an VIII, en ouvrant au gouvernement une voie spéciale de recours, ne parle que des *actes* par lesquels

---

(1) Exp. des motifs de la loi du 25 mai 1838. Mon. univ., 1837, p. 1157.

les juges auraient excédé leurs pouvoirs. Doit-on, prenant cette expression à la lettre, en conclure qu'en matière civile, les jugements entachés d'excès de pouvoir ne peuvent être déférés à la Chambre des requêtes sur l'ordre du gouvernement? On a soutenu l'affirmative en arguant du silence de la loi et de la considération que l'article 441, Inst. Crim., de huit années postérieur à la loi de l'an VIII, ne pouvait avoir d'influence sur les matières civiles. Nous répondrons, avec M. Delangle (1), que, sans avoir besoin de recourir à l'article 441, on peut très légitimement faire rentrer dans l'expression générale d'actes, les jugements proprement dits. Cette opinion nous [semble préférable, ne voyant aucune bonne raison de traiter les jugements différemment des autres actes judiciaires.

Comme application de l'article 80 de la loi de ventôse an VIII, nous citerons un arrêt récent de la Chambre des requêtes, qui a annulé pour excès de pouvoir une délibération prise par le tribunal du Mans, sur l'exécution d'une circulaire du ministre de la justice, prescrivant aux compagnies judiciaires de ne pas assister en corps aux processions de la Fête-Dieu (Req. 21 juin 1880. D. P., 81, 1, 213).

L'excès de pouvoir est toujours une ouverture à cassation ; il n'en est pas de même de l'incompétence.

Il faut distinguer à cet égard entre l'incompétence relative (ratione personæ ou loci), et l'incompétence absolue

(1) Delangle, dans l'Encycl. Sebire et Carteret, t. VII. Cass., n° 234.

(ratione materiæ). Cette dernière, qui tient à des intérêts généraux et à l'organisation des juridictions, est un moyen d'ordre public, qui peut être invoqué en tout état de cause et proposé pour la première fois devant la Cour de cassation, les tribunaux devant en pareil cas se déclarer d'office incompétents (art. 170, Pr.). C'est ce que la Cour de cassation a décidé à plusieurs reprises et tout récemment encore : « Attendu que l'incompétence à raison de la matière est un moyen d'ordre public qui oblige le juge saisi à se dessaisir, même d'office et encore que le déclinatoire n'ait pas été proposé ; que toute dérogation aux lois d'ordre public est expressément interdite ; d'où il suit, qu'aucun acquiescement, exprès ou tacite, à un arrêt rendu sur la compétence, à raison de la matière, ne peut être opposé. » (Ch. civ., 15 novembre 1881. D. P., 81, 1, 468) (1).

Au contraire, l'incompétence ratione personæ ou loci, ne donne lieu à cassation, qu'autant que les parties n'y ont pas renoncé ; et ce qui rend cette renonciation fréquente, c'est qu'elle est présumée et la nullité couverte par cela seul que l'exception d'incompétence n'a pas été proposée in limine litis ; l'incompétence ratione personæ ou loci sera donc très rarement une ouverture à cassation.

Pour que cela se produise, il faut supposer : ou que l'arrêt est par défaut, ou que l'incompétence a été vaine-

---

(1) Cfr. dans le même sens, Req. 5 juin 1872 (D. P. 72, 1, 231) et 9 août 1881 (D. P. 81, 1, 206).

ment excipée devant les juges de première instance et d'appel. Encore cette dernière hypothèse constitue-t-elle plutôt une violation de la loi quant au fond, les juges ayant contrevenu à la loi en refusant de faire droit à la demande des parties.

CHAPITRE III.

DE LA VIOLATION DE LA LOI QUANT AU FOND.

C'est de beaucoup la plus importante des causes d'ouverture à cassation. Les recueils de jurisprudence sont là pour attester le grand nombre et la diversité des questions qui s'y rattachent; on peut dire que toutes les matières de droit y sont comprises. Nous ne pouvons donc songer à les passer toutes en revue.

D'ailleurs, la plupart de ces hypothèses ne sont que l'application pure et simple des règles générales, que nous aurons à déterminer; il serait donc sans intérêt de les examiner plus attentivement.

Quant aux questions controversées, pour lesquelles cet examen serait plus utile, elles sont encore trop nombreuses pour être toutes étudiées séparément. Heureusement qu'à leur égard notre tâche se trouve facilitée par la circonstance qu'elles découlent presque toutes d'une autre question plus générale, qu'on peut formuler ainsi : Où se place la limite entre le fait et le droit? Résoudre cette question, c'est en réalité rechercher la délimitation entre les pouvoirs respectifs d'appréciation de la Cour de cassation et des tribunaux du fond.

C'est sous cette dernière forme que nous allons étudier

la question, avant de passer à l'examen des diverses conditions requises pour que la violation de la loi quant au fond puisse donner lieu à cassation. Lorsque nous aurons dégagé les principes fondamentaux, qui doivent dicter les réponses à y faire, il sera relativement facile de résoudre les diverses hypothèses controversées. Nous nous proposons d'ailleurs d'en développer quelques-unes.

SECTION I.

Délimitation entre les pouvoirs d'appréciation de la Cour de cassation et des tribunaux du fond.

On sait déjà que la Cour de cassation, instituée pour faire respecter la loi et maintenir l'unité de jurisprudence en France, ne peut jamais entrer dans l'examen du fond des affaires, c'est-à-dire, trancher la contestation qui divise les parties et qui fait l'objet de leurs conclusions.

Ce principe fondamental, qui a sa base dans les lois organisatrices de la Cour de cassation, conduit à séparer rigoureusement l'examen des faits de celui du droit, à réserver exclusivement la constatation des premiers aux tribunaux du fond, pour n'attribuer à la Cour suprême que la connaissance du point de droit.

Rien de plus simple en apparence, mais la limite entre le fait et le droit est loin d'être aussi facile à établir lorsqu'on veut l'appliquer en pratique. En effet, lorsque la Cour de cassation recherche si les juges n'ont pas violé la loi, elle ne peut faire abstraction des faits auxquels cette loi a été appliquée ; elle est obligée d'en tenir compte et,

par suite, de les examiner dans une certaine mesure.
Quelle est cette mesure? La réponse est difficile à faire, et
n'a pas toujours été nettement donnée par la Cour de
cassation elle-même dans les nombreux arrêts qu'elle a
rendus sur cette matière.

De toutes les questions auxquelles la théorie de la cassation a donné lieu, celle-ci est à coup sûr la plus délicate à résoudre. C'est en même temps la plus importante,
puisque de sa solution dépend la délimitation des pouvoirs d'appréciation qui appartiennent respectivement aux
tribunaux et à la Cour suprême.

Pour arriver à résoudre aussi complètement que possible le problème, il importe de préciser les points douteux de ceux qui ne le sont pas, et, à cet effet, remarquons avec M. Bonnier (1), qu'un procès quelconque peut
se décomposer en trois parties bien distinctes, qui doivent appeler successivement l'attention des juges :

1° Les faits sur lesquels porte le litige existent-ils oui
ou non? Tel événement a-t il lieu? Comment, dans quelles
circonstances s'est-il produit? Telles ou telles conventions sont-elles intervenues entre les parties ?

2° Les faits étant constatés, quelle est leur nature par
rapport aux dispositions de la loi? C'est-à-dire présen-
tent-ils les éléments d'une vente, d'une donation, d'une
substitution prohibée, d'une transaction, etc. ; quelle qualification doit-on leur donner?

3° Les faits sont constatés; ils ont été, nous le supposons, exactement qualifiés, il faut alors leur appliquer les

(1) Bonnier. Éléments d'organ. jud., t. I, p. 214.

règles attachées par la loi à cette qualification, et tirer les conséquences légales qui en résultent.

Ainsi, constatation des faits, qualification, conséquences légales, voilà les trois points que le juge a à examiner dans chaque procès, et sur lesquels il doit se prononcer.

Si l'affaire vient à être soumise à la Cour de cassation, ces points se présenteront aussi à son examen. La question est de savoir si la Cour pourra, sur tous également, contrôler les décisions rendues par les tribunaux.

Reprenons séparément chacun de ces points; seulement au lieu de les examiner dans l'ordre logique où le juge doit les considérer, nous allons renverser cet ordre et nous occuper d'abord de la détermination des conséquences légales; par ce moyen nous connaîtrons les points non discutés avant d'aborder l'étude des questions controversées.

I. *Détermination des conséquences légales.* — Aucune difficulté sur ce premier point. Nous dirons sans hésiter, que la Cour de cassation a le droit et le devoir de rechercher si les règles appliquées à un fait, préalablement qualifié, sont bien celles prescrites par la loi, et qu'elle doit casser la sentence qui en tirerait des conséquences illégales. Que le fait, dont il s'agit, ait été reconnu pour une vente et supposons cette qualification exacte, déterminer quelles sont les conséquences légales de la vente, au point de vue de sa validité, au point de vue des obligations du vendeur et de l'acheteur, voilà une pure question de droit.

Ou bien, qu'on soit en présence d'une substitution prohibée, quelle est la conséquence de cette constatation? Encore une question de droit, qui se résout uniquement par l'interprétation et par l'application des prescriptions de la loi.

La Cour suprême aura donc à intervenir.

II. *Qualification légale.* — C'est ici que commencent les difficultés. Les faits qui servent de base au procès étant constatés, il faut les rattacher à la loi, les classer suivant leur nature dans telle ou telle catégorie d'opérations juridiques. Dire que les faits constituent une vente ou un partage, une substitution ou une donation à cause de mort..., c'est ce que nous appelons qualifier les faits.

Pour qualifier un fait, il faut comparer les éléments qui le composent avec ceux indiqués par la loi pour la qualification qu'on veut lui appliquer. La qualification légale, pour être exacte, suppose que les éléments qu'elle implique se trouvent effectivement réunis dans le fait qualifié. Il est aisé de comprendre, en effet, que si les juges ont attaché une qualification légale, celle de vente par exemple, à un fait qui ne réunissait pas les éléments légaux de la vente, c'est-à-dire un consentement, une chose, un prix, la loi qui énumère ces éléments sera violée dans son texte. La Cour de cassation doit donc contrôler la qualification légale et rechercher si le fait que les juges ont présenté comme une vente en contient les éléments requis par la loi. Dans cette hypothèse, tout le monde est d'accord pour admettre le pouvoir de contrôle de la Cour suprême, la loi ayant pris soin d'indiquer expressément les éléments de la vente.

Mais supposons maintenant que les juges du fond aient
appliqué, à un fait qu'ils ont constaté, une qualification
légale dont la loi n'a pas déterminé les éléments. La qualification ainsi faite est-elle souveraine ? Soustraire cette
qualification à l'examen de la Cour de cassation, c'est
donner aux tribunaux le pouvoir d'interpréter librement
la loi, en déterminant sans contrôle les éléments que doit
présenter le fait pour recevoir telle ou telle qualification
légale, dont la loi n'a pas précisé les éléments constitutifs.

M. le président Barris a soutenu l'affirmative dans une
affaire de diffamation, mais sa doctrine est plus générale
et s'appliquerait de même en matière civile. « Les juges,
disait-il, sont de véritables jurés dans la décision de tout
ce qui n'a pas été réglé par la loi. »

Ce système, si on l'admet, nous ramène forcément à la
première formule législative, déterminant les pouvoirs de
la Cour de cassation, à la loi du 27 nov. 1790, art. 3 :
« Le Tribunal de cassation annulera tout jugement qui
contiendra une violation expresse *au texte de la loi*. »
Où la loi est muette, la violation du texte devient impossible, donc pas de cassation, liberté absolue d'appréciation pour les tribunaux.

Mais la doctrine de M. le président Barris méconnaît
absolument les changements apportés à cet art. 3 de la
loi de 1790 par les lois postérieures. La Constitution de
1791 (titre III, ch. IV, sect. I, art. 20), celles de l'an III
(art. 255) et de l'an VIII (art. 66), n'exigent plus qu'une
contravention expresse *à la loi*. Le mot texte a été supprimé et on reconnaît généralement, que le législateur a

entendu marquer par là, que la Cour de cassation aurait
à intervenir, non plus seulement pour violation du texte,
mais encore et simplement pour violation de l'esprit de la
loi. Or, la loi se trouve violée dans son esprit, lorsque le
juge contrevient à une définition implicite contenue dans
une qualification légale.

A la Cour de cassation appartient le pouvoir de rechercher et de préciser cette définition implicite, d'en faire
sortir les éléments requis pour l'application de cette qualification légale.

La Cour seule peut décider souverainement que les
éléments requis par la loi se trouvent réunis dans le fait
qualifié; si l'un des éléments faisait défaut, elle devrait
casser l'arrêt comme violant la loi, sinon dans son texte,
du moins dans son esprit.

Cette doctrine, pleinement admise aujourd'hui parmi
les auteurs aussi bien qu'en jurisprudence, est seule conforme aux textes fondamentaux qui instituaient la Cour
de cassation. C'est la seule qui puisse assurer la réalisation du but que la Cour suprême est chargée de poursuivre, le maintien de l'unité de jurisprudence en France.

Nous disons donc que la Cour contrôle la qualification
légale attribuée par les juges du fond et examine dans ce
but les éléments du fait constaté par eux, en les rappro-
chant des éléments attachés par la loi, expressément ou
implicitement, à la qualification appliquée.

Cela se passe ainsi lorsqu'une qualification légale correspond, non à un fait simple, mais à un ensemble de
faits dont la réunion constitue une opération juridique
unique. Une convention quelconque, par exemple, se

compose de plusieurs faits qui en sont les éléments et reçoit néanmoins une désignation légale unique.

Mais il peut arriver, et ici la question se complique, que la loi ait pris soin, pour une qualification donnée, de préciser, non seulement les éléments, c'est-à-dire les divers faits auxquels la qualification correspond, mais de déterminer en outre les caractères que doit présenter chacun de ces éléments. Ou bien, la qualification s'applique à un fait unique et non décomposable en éléments, mais ce fait doit réunir certains caractères qui deviennent des conditions de la qualification. Marquons bien nettement la différence entre un élément et un caractère. L'élément d'un fait est lui-même un fait ayant son existence distincte. C'est ainsi que le consentement, un des éléments de la vente, est un fait qui existe indépendamment des autres éléments de la vente : la chose et le prix. Le caractère n'est qu'une qualité, une manière d'être du fait auquel il est attaché ; la gravité, par exemple, est un caractère de l'injure.

Il peut arriver, avons-nous dit, que la loi ait déterminé les caractères que doivent présenter, soit les divers éléments d'un fait, s'il est complexe, soit le fait lui-même, s'il est simple. Et cette détermination peut être faite pour les caractères comme pour les éléments, soit expressément, soit implicitement.

Dans la qualification du fait, il faut évidemment tenir compte des caractères aussi bien que des éléments d'un fait. La Cour de cassation, en recherchant l'exactitude d'une qualification donnée, doit examiner si le fait auquel on l'a appliquée présente les éléments prescrits par la loi ;

si la loi exige en outre certains caractères, la Cour peut-
elle se livrer pour eux au moindre examen (1)?

La question est très délicate, et cela tient à la grande
différence qui existe entre les éléments et les caractères
d'un fait; nous avons déjà essayé plus haut de la faire
sentir. L'existence des éléments résulte toujours des constatations faites par les juges du fait. Le caractère, qui est
une qualité, une manière d'être du fait, ne peut souvent
être établi qu'à l'aide d'une certaine appréciation des
circonstances, au moyen de considérations morales. Un
fait existe ou n'existe pas, une qualité peut exister à
des degrés divers. Il semble donc que la Cour de cassation, en recherchant si les caractères requis pour telle ou
telle qualification existent dans le fait qualifié, sera obligée
forcément d'entrer dans l'examen des faits, de substituer
son appréciation à celle des juges du fond, et alors, comment fixer la démarcation entre les pouvoirs des tribunaux et ceux de la Cour suprême?

La solution de la question ne doit pas être cherchée
dans la distinction proposée par M. le président Barris et
étudiée plus haut. Nous avons établi, en effet, pour n'y
plus revenir, qu'il appartenait à la Cour de cassation de
faire respecter les définitions implicites de la loi, tout
aussi bien que ses définitions expresses; que, par suite,

_____

(1) Cet examen des éléments et des caractères, auquel la Cour de
cassation se livre pour déterminer l'exactitude d'une qualification,
est ce que quelques auteurs appellent l'appréciation légale des
faits. (Chénon, loc. cit., p. 165, et Dalloz, passim en note sur
quelques arrêts.)

la Cour devait rechercher si un fait qualifié réunissait les caractères impliqués dans cette qualification.

D'un autre côté, si nous attribuons à la Cour de cassation un droit de contrôle, restreint aux caractères indiqués expressément par la loi, mais embrassant tous ceux-ci sans exception, nous sommes obligé de reconnaître que cela conduira parfois la Cour à entrer dans l'examen des circonstances et dans l'appréciation des intentions, ce qui est réservé aux juges du fait, ainsi que nous le verrons dans la suite. Par exemple, les articles 306 et 231 combinés permettent aux époux d'obtenir la séparation de corps pour injures graves. La gravité des injures est à coup sûr un caractère, et, dans l'espèce, c'est un caractère indiqué expressément par la loi. Les juges du fond, après avoir constaté les faits et circonstances, décident qu'il en résulte une injure grave pour l'un des époux et prononcent la séparation. La Cour de cassation peut-elle censurer la décision qui qualifie un fait d'injure grave? Cela n'a jamais été admis et avec raison.

On pourrait trouver un exemple analogue dans l'article 1353, qui prescrit au juge de n'admettre que des présomptions graves, précises et concordantes; il est inutile d'insister.

Pour simplifier le problème, remarquons tout d'abord que certains faits produisent des effets légaux par cela seul qu'ils existent, la loi n'exigeant pour eux l'adjonction d'aucun caractère particulier. Du moment donc que l'existence de ces faits aura été constatée par les juges du fond, — ce qui est souverainement de leur domaine, —

Aubert.   10

ils produiront des effets juridiques et ne pourront être soumis au contrôle de la Cour suprême.

C'est ainsi que les tribunaux constatent souverainement :

Que le tireur n'a pas fait la provision de sa lettre de change;

Qu'il y a eu cessation de payement par un débiteur à telle époque;

Que des sûretés promises dans un contrat ont été diminuées;

Qu'un mur, dans lequel des fenêtres ont été ouvertes, se trouve à telle distance du fonds voisin;

Qu'une renonciation est intervenue de la part de l'une des parties;

Que l'égalité a été respectée dans un partage d'ascendant;

Que telle machine reproduit les pièces de telle autre brevetée; etc.

Si maintenant nous supposons que le fait constaté ne puisse recevoir une qualification légale et produire les effets qui en découlent, qu'à la condition de joindre à son existence la réunion de certains caractères déterminés expressément ou implicitement par la loi, nous sommes véritablement en présence du problème. Or, d'une part, comme nous l'avons déjà vu, permettre à la Cour de cassation de toujours rechercher si les caractères indiqués par la loi sont réunis dans le fait qualifié, serait lui donner quelquefois le droit d'entrer dans l'examen du fait. D'un autre côté, lui refuser tout droit de contrôle serait accorder aux tribunaux du fond un pouvoir excessif de qualification ; la loi pourrait être impunément violée.

On est généralement d'accord sur les inconvénients d'un système qui résoudrait la question sans distinction. La difficulté est d'en établir une suffisamment nette, permettant à la Cour de cassation de faire respecter la loi là où elle doit être observée, sauvegardant cependant le droit exclusif pour les tribunaux de connaître et d'apprécier les faits. La difficulté, bien que très grande, assurément, n'est pas cependant, croyons-nous, insurmontable, et la solution, à ce qu'il nous semble, doit être fournie par l'examen attentif des divers caractères qui peuvent être requis à propos d'un fait pour qu'il puisse mériter une qualification donnée.

Parmi ces caractères (que nous supposons tous déterminés ou du moins impliqués par la loi), les uns sont indiqués en termes ou vagues ou généraux, employés à dessein par le législateur, soit qu'il ne pût, soit qu'il ne voulût pas les déterminer plus expressément. Pour les autres, au contraire, il s'est servi de mots, dont le sens peut être douteux, mais qui, une fois ce sens déterminé, ont une signification stricte et précise.

A cette différence dans les expressions employées par la loi correspond une différence dans la nature des divers caractères légaux. Les premiers sont des qualités qui peuvent se rencontrer à des degrés divers, sous des formes et des apparences très variées ; il en est ainsi pour la gravité d'une injure, la liberté d'une volonté, la simulation ou la fraude intervenue dans un contrat,... etc. Préciser exactement la force ou l'étendue que doivent présenter ces caractères, la manière dont ils doivent se réaliser, eût été souvent impossible, toujours injuste, comme ne tenant

pas compte de la diversité des espèces; voilà pourquoi le
législateur les a désignés d'une façon vague et générale,
à titre de renseignement pour les juges, mais leur laissant
le soin de tenir compte des faits et des circonstances.

Aussi faut-il dire, que les juges du fait en seront les
souverains appréciateurs et que leur décision échappera
au contrôle de la Cour suprême. C'est ce qui a été reconnu
dans les cas suivants, que nous rapportons ici à titre
d'exemples.

Les tribunaux décident sans contrôle :

Que la personne qui se propose d'adopter jouit d'une
bonne réputation (art. 335);

Qu'un droit de vaine-pâture dont jouit une commune ne
lui a été concédé qu'à titre révocable ;

Qu'un marché passé entre deux négociants est condi-
tionnel ;

Que tels faits constituent une possession d'état ;

Qu'un acquéreur a juste sujet de craindre une éviction ;

Qu'il n'y a pas de prix réel et sérieux dans une vente
d'immeubles, faite moyennant une rente viagère déterminée ;

Qu'une obligation est sans cause ;

Qu'une clause est contraire à l'ordre public, dans le
sens de l'article 1133, 2°.

Qu'il s'agisse maintenant d'un des caractères de la
deuxième catégorie, susceptibles de recevoir une détermination exacte et précise, la Cour de cassation reprend
toute son autorité.

Elle aura à intervenir, d'abord, s'il y a doute sur l'interprétation à donner aux termes de la loi, pour en fixer

le sens et l'esprit; elle interviendra ensuite pour rechercher si ces caractères, dont la nature est rigoureusement
établie, se trouvent effectivement réunis dans le fait, tel
qu'il a été constaté et qualifié par le juge du fond, et si,
par suite, la qualification qu'il a reçue est exacte.

Par application de ce principe, la Cour a jugé, suivant
nous, avec raison, qu'elle a le droit de vérifier : si un fait,
déclaré interruptif de prescription par les juges du fond,
présente les caractères requis par les articles 2243
et 2244; si les caractères du droit de retour successoral
sont réunis dans l'espèce; si la clause d'un testament, dont
la portée et la signification ont été au préalable souverainement établies par les juges du fond, présente les caractères d'un legs à titre particulier ou à titre universel; si
un acte, déclaré par les juges du fond confirmatif d'une
obligation nulle ou rescindable, contient les caractères
indiqués dans l'article 1338 (Req. 16 janvier 1882. D. P. 82,
1, 412). A propos d'un testament, d'une donation, la loi
prescrit certaines formes, à peine de nullité; la Cour de
cassation devra rechercher si ces formes légales, qui deviennent, en pareil cas, de véritables caractères du fait,
ont été effectivement observées (22 juin 1881. D. P. 82,
1, 180). La Cour examinera de même si la volonté de
nover, souverainement constatée par les juges du fond,
s'est manifestée avec les caractères légaux indiqués dans
l'article 1271. C'est ce qui ressort d'un arrêt de la Chambre des requêtes, 8 juin 1874 (D. P. 75, 1, 468), dont les
considérants sont intéressants à noter. « Attendu..... qu'il
appartient aux juges du fond d'apprécier l'intention des
parties et de déclarer en fait que leur volonté a été d'opé-

rer ou de ne point opérer une novation; Qu'au contraire, la Cour de cassation doit se borner à rechercher, en droit, si les faits établis par les tribunaux réunissent les caractères de la novation tels qu'ils sont définis par la loi; Que, dans l'espèce, les appréciations de l'arrêt attaqué sont exclusives de toute intention de nover, et que les faits constatés ne présentent aucunement les caractères d'une novation quelconque,... etc. »

On voit par cet arrêt que la Cour suprême a bien soin de réserver aux juges du fond les constatations du fait, les appréciations d'intention et de volonté, restreignant son droit d'examen à rechercher si les caractères légaux de la novation, — tels qu'ils sont définis par la loi, dit la Cour, — se trouvent réunis dans les faits constatés. Il en serait de même, croyons-nous, si ces caractères, au lieu d'être indiqués expressément, n'étaient que sous-entendus; nous n'avons pas à revenir sur les raisons précédemment développées.

Ce qu'il est important de remarquer à propos de la novation, c'est la nature des caractères exigés. Ils appartiennent à cette deuxième catégorie de caractères soumis au contrôle de la Cour suprême; c'est qu'en effet ils représentent la forme précise et exacte sous laquelle la volonté de nover doit se manifester pour produire la novation au sens légal du mot; la Cour de cassation, en recherchant si cette forme a été observée, n'a nullement à entrer dans l'appréciation des faits et des intentions.

Un dernier exemple va nous montrer réunis, à propos d'un même fait, des caractères appartenant aux deux catégories que nous avons cherché à établir; nous verrons alors que, tandis que l'un de ces caractères est constaté souverainement par les juges du fond, l'autre ne le sera que sous réserve de la censure de la Cour de cassation. Cela rendra plus saisissante l'exactitude de notre distinction.

Le fait, c'est le commencement de preuve par écrit, exigé pour l'admissibilité de la preuve testimoniale au-dessus de 150 fr.

L'art. 1347 requiert d'abord l'existence d'un écrit. Il faut de plus que cet écrit réunisse deux caractères : 1° qu'il émane de la personne à laquelle on l'oppose, ou de son représentant; 2° qu'il rende vraisemblable le fait allégué.

Le premier caractère est soumis à l'examen de la Cour de cassation, qui précisera dans certains cas le sens et la portée de cette prescription de la loi; elle dira par exemple : « Attendu que l'art. 1347 exige bien, pour qu'un écrit puisse constituer, au point de vue légal et sous le rapport de la forme, un commencement de preuve par écrit, qu'il émane de la partie à laquelle on l'oppose, mais qu'il ne demande pas que l'écrit soit signé d'elle. » (Req. 29 juillet 1872. D. P. 74, 1, 430).

Le deuxième caractère, au contraire, que l'écrit rende vraisemblable le fait allégué, relève de la compétence exclusive des juges du fond, qui décident souverainement si l'écrit, produit par l'une des parties et émanant de l'autre, rend vraisemblable le fait allégué; c'est ce que reconnaît l'arrêt précité : « Que pour ce qui est de la question de savoir si un écrit non signé, produit par l'une des parties à l'appui d'une convention synallagmatique dont elle

poursuit l'exécution, est de nature à rendre vraisemblable
l'existence de cette convention, elle est abandonnée à
l'appréciation souveraine des juges du fait. »

Afin de résumer toute notre théorie sur la qualification
légale, nous dirons que la Cour de cassation, pour reconnaître si une qualification donnée par les juges du fond
est exacte, doit rechercher si les éléments et les caractères, impliqués par la loi dans cette qualification, se re-
trouvent effectivement dans le fait qualifié. Quant aux
éléments, le droit de contrôle de la Cour suprême est absolu ; ce droit est limité pour les caractères à l'examen
de ceux qui sont susceptibles de recevoir une définition
précise et rigoureuse, sans exiger d'ailleurs que cette
définition soit faite expressément par la loi ; enfin, les caractères qui ne satisfont pas à cette condition sont réservés à l'appréciation souveraine des juges du fond.

Telle est, exposée bien imparfaitement sans doute, la
doctrine qui doit servir, d'après nous, à délimiter les
pouvoirs respectifs des tribunaux et de la Cour suprême.
Nous croyons en avoir démontré l'exactitude en l'appliquant à quelques hypothèses, et on a pu voir que les derniers
arrêts de la Cour de cassation, rendus sur ces espèces,
confirmaient notre manière de voir.

Hâtons-nous d'ajouter que, si la distinction proposée
est exacte, nous ne saurions prétendre qu'elle doive faire
disparaître toutes les difficultés inhérentes à la matière.
On pourra sans doute se trouver embarrassé pour l'appliquer à telle ou telle hypothèse ; cela tient à ce que les
questions juridiques, toujours éminemment complexes,
sont souvent fort délicates à analyser. Ce que nous sou-

tenons, c'est que, une fois cette décomposition des éléments et des caractères d'un phénomène juridique quelconque rigoureusement faite, il sera aisé de discerner,
parmi ces caractères, ceux qui, à raison de leur nature
vague et indéterminée, doivent être abandonnés à l'examen exclusif des tribunaux, tandis que les autres pourront être contrôlés par la Cour suprême.

Nous trouvons la démonstration évidente de la vérité
de cette assertion dans le changement survenu dans la
doctrine de la Cour de cassation, touchant les pouvoirs
des juges du fait en matière de responsabilité civile :
changement amené par une analyse plus exacte des éléments constitutifs de la fraude.

Pendant longtemps les arrêts ont reconnu, en termes
presque absolus, la souveraineté du juge du fait en matière de responsabilité. Voir, entre autres, les arrêts des
11 juillet et 10 août 1870 (D. P. 70, 1, 137 et 382), 17 juillet 1872 (D. P. 73, 1, 188). La Chambre des requêtes en
donnait la raison dans un arrêt du 28 novembre 1860
(D. P. 61, 1, 339) : « Attendu... que la loi ne définit pas
et ne pouvait définir les fautes de nature à engager, vis-
à-vis des tiers, la responsabilité de ceux qui les ont com-
mises, et qu'elle en laisse ainsi l'appréciation à la sagesse
et à la conscience du juge, dont les décisions échappent
à la censure. »

La chambre des requêtes rangeait par cet arrêt les caractères de la faute dans cette catégorie de caractères
qui par leur nature vague et indéterminée relèvent de la
compétence exclusive des juges du fait. Comme nous le
disions en commençant, ce fut un examen plus attentif

de la nature de la faute, qui fit abandonner cette doctrine trop générale.

La faute a pu être décomposée ainsi (1) : Un acte ou omission, réunissant les caractères : 1° d'entraîner préjudice pour autrui ; 2° de résulter de la libre détermination de son auteur ; 3° d'être illicite.

Les juges du fond constateront souverainement l'existence de l'acte ou de l'omission et apprécieront, avec la même liberté, les deux premiers caractères : préjudice causé à autrui, libre détermination de l'auteur. Quant au troisième : caractère illicite de l'acte, il faut distinguer.

Ce caractère, suivant les cas, tantôt pourra recevoir une détermination précise, tantôt ne le pourra pas. En effet, le caractère illicite de l'acte ou de l'omission peut résulter soit d'une infraction à une convention particulière intervenue entre les parties, soit d'une infraction à la loi qui prohibait ou ordonnait cet acte. Dans le premier cas, infraction à une convention particulière, les juges du fond sont souverains pour l'apprécier, ainsi que tout ce qui a trait à l'étendue des conventions et à l'intention des parties. Dans la seconde hypothèse : infraction à la loi, les juges du fond seront encore seuls compétents, si la loi n'a édicté qu'une prescription générale et vague, comme celle de n'être pas imprudent, pour dire si la personne, à laquelle on impute la faute, a été imprudente ou non.

Mais lorsque l'acte, exigé ou défendu par la loi, est nettement indiqué par elle, il n'appartient pas au juge du

(1) Cfr. Larombière. Oblig., t. V., p. 888.

fond, qui a constaté cette omission ou cet acte, de le déclarer licite et la Cour de cassation devra censurer une
semblable décision.

La Cour réformerait de même l'arrêt qui considérerait,
comme illicite et contraire à la loi, un acte qui n'est défendu par aucune loi (1).

III. *Constatation du fait.* — Nous arrivons en dernier
lieu à l'examen de ce point qui sert de base aux deux
autres opérations : qualification, détermination des conséquences légales, et qui à ce titre s'impose tout d'abord
à l'attention du juge dans l'examen d'un procès. Nous
avons déjà dit pourquoi, renversant l'ordre logique, nous
en avions rejeté l'étude à cette place ; nous voulions nous
occuper d'abord des points qui, de l'aveu de tous, relèvent de la censure de la Cour suprême, pour aborder ensuite ceux qui sont l'objet de controverses.

C'est ainsi que nous avons vu, en première ligne, que la
détermination des conséquences légales appartenait incontestablement à la Cour de cassation. Nous lui avons
reconnu en principe les mêmes pouvoirs à propos de la
qualification légale des faits, en faisant cependant une
réserve importante, quant à l'appréciation des caractères
de nature vague et indéterminée, que nous avons attribuée exclusivement aux juges du fond.

Les explications, que nous avons eu à fournir à cette
occasion, ont permis de présumer aisément la solution

(1) Cfr. en ce sens. Arrêt du 15 avril (D. P., 73, 1, 262).

que nous nous proposons de donner au troisième point
qui nous reste à examiner : constatation du fait.

Les juges du fond, dirons-nous avec d'éminents jurisconsultes, ont seuls à en connaître, sous la seule condition de ne pas méconnaître les prescriptions légales en
matière de preuve. La Cour suprême n'a pas à s'occuper de
la question de savoir si les juges se sont trompés en affir-
mant que tel fait, sur lequel ils sont appelés à prononcer,
existe ou n'existe pas ; si telle circonstance qui l'accom-
pagne n'a pas été prise en considération, ou si telle autre,
qui ne s'y joignait pas, y a été mal à propos rattachée ;
si enfin l'interprétation donnée aux clauses d'un acte ou
à l'intention présumée des parties est exacte ou erronée.

Pour résoudre ces questions, les juges n'ont, en effet,
ni à interpréter ni à appliquer une disposition législative
quelconque. L'injustice ou l'erreur du juge prononçant
sur les faits constitue un simple mal jugé, qui ne peut occasionner qu'un préjudice particulier pour l'une des parties, et l'on sait que la Cour de cassation n'a pas pour
mission de remédier à la lésion des intérêts privés.

Aussi lorsque nous nous sommes occupé de la qualification légale, avons-nous eu grand soin de faire observer
que la Cour de cassation, aussi bien dans l'examen des
éléments que dans celui des caractères soumis à son
contrôle, tenait pour constants, les faits, circonstances
et intentions des parties, tels qu'ils avaient été constatés
par les juges du fond, s'attachant uniquement à rechercher si les faits ainsi déterminés présentaient les éléments et les caractères impliqués dans la qualification
à eux attribuée.

Remarquons qu'en agissant ainsi, la Cour suprême n'entre pas à proprement parler dans l'examen du fait lui-même ; elle examine, ce qui est tout différent, les constatations des juges, et non pas au point de vue de leur véracité ou exactitude, mais simplement au point de vue de leur rapport avec la loi, quant à la qualification qui doit leur être attribuée.

Nous sommes donc en droit de soutenir que les juges du fond examinent seuls les faits, sans que leurs décisions puissent sur ce point être soumises à la censure de la Cour suprême.

On peut dire que cette proposition est universellement admise aujourd'hui, du moins en principe ; quelques auteurs et la Cour de cassation font seulement quelques réserves sur des points de détail ; nous aurons à les examiner et à les combattre.

Il n'en était pas de même à l'origine de l'institution de la Cour de cassation ; les restrictions apportées, aux pouvoirs des tribunaux à l'égard de la constatation des faits, étaient à cette époque très importantes et se rattachaient étroitement à la solution donnée alors à une autre question corrélative, qui doit trouver ici sa place ; nous voulons parler de la violation de la loi du contrat.

De nos jours encore, la répugnance, que certains auteurs éprouvent à laisser exclusivement aux tribunaux la constatation des faits, a pour cause la doctrine admise par eux sur la violation de la loi du contrat. C'est pour ce motif que nous croyons devoir immédiatement aborder cette question, la plus célèbre de toutes celles auxqullese

a donné lieu le problème de la détermination des pouvoirs
de la Cour de cassation.

Violation de la loi du contrat. — Il faut tout d'abord
nous rendre un compte exact de ce que veulent dire ces
mots : violation de la loi du contrat.

Supposons donc qu'un débat se soit élevé entre deux
parties, à l'occasion d'un contrat qu'elles avaient conclu,
et que les juges aient été saisis de l'affaire. Plusieurs hypothèses sont à distinguer quant à la solution :

1° Il se peut que la convention, telle que les juges l'ont
constatée (nous supposons pour l'instant la constatation
exacte), présente les éléments et les caractères d'une opération juridique prévue et réglée par la loi ; les juges, cependant, méconnaissant ce rapport, ont donné à la convention constatée une qualification, ou lui ont fait
produire des effets qui ne sont pas ceux que prévoyait
la loi ;

2° La convention intervenue entre les parties a été
encore cette fois exactement constatée, et ses éléments ne
correspondent à aucune des conventions réglées par la
loi ; seulement les juges ont, pour une raison ou une
autre, modifié cette convention qu'ils ont reconnue être
la volonté des parties, et ce sont les dispositions introduites par eux qu'ils ont appliquées à l'espèce ;

3° Les juges ont exactement qualifié la convention
qu'ils ont constatée, ils en ont tiré des conséquences qui
sont légales, ils n'ont pas modifié ce qu'ils avaient reconnu être l'intention des parties, mais ils se sont mépris
sur cette intention, ils l'ont mal interprétée ;

4° Il se peut enfin que la décision des juges ne contienne aucune des erreurs précédentes ; elle sera évidemment alors à l'abri de toute censure.

Dans les autres cas, c'est-à-dire : erreur de qualification, modification de l'intention reconnue aux parties, erreur sur leur volonté, la décision des juges est à coup sûr inexacte et on dit communément que, dans ces trois cas, il y a violation de la loi du contrat (1). Il s'agit de savoir si dans tous indistinctement la Cour de cassation peut intervenir et casser le jugement prononcé. La question a été et est encore vivement controversée ; la Cour suprême elle-même ne paraît pas avoir jusqu'à présent fixé nettement sa doctrine.

Cependant, parmi les trois hypothèses sur lesquelles la question s'élève, il en est deux qui ne sont plus aujourd'hui l'objet d'aucun doute, parce que, à proprement parler, il y a plus qu'une violation de la loi du contrat, il y a violation de la loi générale.

Dans le premier cas, en effet, que se passe-t-il ? La convention intervenue entre les parties a été exactement constatée, seulement les juges lui ont refusé la qualification que la loi lui attribuait à raison des éléments qui la constituaient ; par exemple, les éléments constatés étaient ceux de la vente et les juges ont qualifié l'opération de partage ; il est évident que la loi qui définit la vente se trouve violée ; la Cour de cassation doit intervenir pour violation d'une loi générale.

Il en sera de même dans la seconde hypothèse : le juge,

(1) Cfr. Dalloz. Code civ. annoté, art. 1134, § 3.

après avoir reconnu que l'intention des parties a été de faire telle convention qu'il constate, modifie de lui-même la convention faite, parce qu'il trouve, par exemple, que les avantages assurés par le contrat à l'une des parties sont exagérés. Alors l'art. 1134 Code civ. qui dispose : « que les conventions légalement formées tiennent lieu de loi à ceux qui les ont faites », se trouve violé parce que, comme le fait si excellement remarquer M. l'av. général Paul Fabre (1), « il est vrai de dire qu'en pareil cas, le juge met sa volonté à la place de ce qu'il reconnait avoir été dans l'intention des parties au moment du contrat et qu'il refait la convention. » La Cour de cassation aura donc à casser le jugement rendu comme violant l'art. 1134.

Remarquons que la Cour de cassation, en intervenant ainsi pour faire respecter l'art. 1134, ne pénétrera aucunement dans l'examen des faits (elle les admet tels que les juges du fond les ont constatés), seulement il résulte de la déclaration même du juge qu'il n'a pas appliqué, à l'espèce qui lui était soumise, la convention conclue par les parties, voilà ce que l'art. 1134 condamne en disant : « que la convention légalement formée doit tenir lieu de loi aux parties ».

Passons maintenant à la dernière hypothèse : les juges ont erré sur l'intention même des parties, ils leur ont attribué des conventions contraires à leur volonté. La Cour de cassation doit-elle encore ici intervenir pour faire respecter cette volonté méconnue? La loi du contrat a été violée, ce n'est pas douteux ; c'est même, suivant nous, la

(1) Réquisit. s. l'arrêt du 22 nov. 1865 (Sir. 66, 1, 24).

seule hypothèse où il soit exact de dire qu'il y a violation
de la loi du contrat, parce que c'est la seule où, aucune
loi générale n'étant méconnue, les juges ont violé uniquc-
ment la loi privée des parties. Faut-il donc assimiler la loi
privée du contrat à la loi générale, et dire que la Cour de
cassation doit faire respecter l'une aussi bien que l'autre?
Voilà la question de la violation de la loi du contrat ra-
menée à ses termes précis, et c'est dans ces limites seulement qu'elle est encore aujourd'hui controversée.

Or, il importe d'observer immédiatement, qu'en décidant
avec quelques auteurs que la Cour de cassation doit casser un jugement qui s'est mépris sur la volonté des parties, nous sommes obligés d'accorder à la Cour les
moyens d'exercer son contrôle, c'est-à-dire le droit de
rechercher qu'elle est exactement cette volonté, cette intention, c'est en un mot donner à la Cour le droit d'examiner les faits.

Nous avions donc raison de dire, en commençant cette
étude, que la question de la violation de la loi du contrat
mettait en jeu celle de savoir si la Cour de cassation peut
dans certaines circonstances entrer dans l'examen des
faits. Mais, avant de développer la solution que nous nous
proposons d'adopter, il est nécessaire de faire connaître
l'historique de la question.

A l'origine, la Cour de cassation admit dans l'hypothèse qui nous occupe maintenant, aussi bien que dans
les deux précédentes, que la violation de la loi du contrat
était un moyen de cassation. En décidant ainsi, elle s'in-
spirait surtout de la législation des pays de droit écrit,

Aubert. 11

d'après laquelle les contrats sont des lois pour les parties et leurs ayants cause.

Lors de la promulgation du Code civil, on crut trouver dans l'art. 1134 la confirmation de cette manière de voir, qui persista jusqu'en 1808. (Voir not. cass., 19 prairial an VIII. — 22 mars an IX. — 26 pluv. an XI). Mais à cette époque il y eut dans la jurisprudence un revirement remarquable, à l'occasion d'une espèce où il était manifeste que la décision attaquée avait dénaturé le contrat et substitué des conventions imaginaires aux conventions conclues par les parties ; ce sont, on s'en souvient, précisement les termes de notre hypothèse.

La Cour, sections réunies, repoussa le pourvoi (2 février 1808) (1), en se fondant sur le pouvoir qu'elle reconnaissait aux juges du fond d'interpréter souverainement les clauses du contrat.

Cet arrêt fut rendu par la Cour sur les conclusions conformes de son procureur général, Merlin, qui se fondait, il est vrai, principalement sur un argument de fait qu'on ne saurait invoquer aujourd'hui. Voici en quoi consistait l'argument : d'après une loi du 16 septembre 1807, la Cour de cassation pouvait après un deuxième pourvoi, et devait forcément après un troisième fondé sur les mêmes moyens, s'adresser au gouvernement pour obtenir un décret déclaratoire de la loi, afin de trancher le conflit qui s'élevait entre la Cour suprême et les tribunaux du fond. Or, si la Cour cassait pour violation de la loi du con-

---

(1) Merlin. Rép. Société. Sect. II, § 2, n° 2.

trat, en supposant (ce qui était arrivé dans l'espèce de
1808) que le tribunal de renvoi jugeât comme le précédent,
on était conduit à demander au gouvernement d'interpréter les conventions des parties. On aboutissait à une
véritable impossibilité, car, comme le disait Merlin « un
« décret déclaratoire de la loi suppose nécessairement
« une loi préexistante. Il ne peut donc y avoir lieu à un
« décret pareil sur une matière qu'aucune loi n'a encore
« réglée ».

Mais il est permis de croire que, si cet argument de pur
fait eut quelque influence sur le sentiment de la Cour de
cassation, celle-ci s'inspira surtout du véritable principe
qui devait motiver sa décision ; ce principe aussi exact
aujourd'hui qu'alors, c'est que l'art. 1134 ne signifie nullement que la loi du contrat doive être assimilée à la loi
générale et protégée comme telle par la Cour de cassation, c'est que l'art. 1134 n'a pas pour but de faire exception à la règle générale, à savoir, qu'il appartient aux juges
du fond de constater et d'interpréter souverainement l'intention des parties.

Tel était le véritable motif de la décision de la Cour ; la
preuve en est, qu'après 1837 — alors que le referé législatif étant aboli, l'obstacle signalé par Merlin n'existait
plus — la Cour persista dans sa jurisprudence de 1808,
jugeant d'une manière constante que l'interprétation des
actes, basée sur l'appréciation de leurs clauses, échappait
à sa censure, qu'à supposer que les juges se fussent complètement mépris sur la volonté des parties contractantes,
cela ne saurait constituer une violation de l'art. 1134.
C'est ce qui est établi par de nombreux arrêts, dont nous

ne citerons que le plus important, en date du 22 novembre 1865.

Les motifs font suffisamment connaître l'espèce qu'il s'agissait de trancher : « Attendu..... que, si hardie que
« puisse paraître l'interprétation par laquelle il est jugé
« que l'énonciation de 180 paires de bœufs était une er-
« reur de rédaction et que les parties avaient voulu dire
« 80 paires, cette interprétation de l'intention des parties,
« en admettant même qu'elle contînt un mal jugé, ne
« constituerait ni un excès de pouvoir ni une violation
« de l'art. 1134, qu'autant que le juge, après avoir constaté
« l'existence et le sens d'un contrat, croirait pouvoir mo-
« difier sous un prétexte quelconque, ce qu'il recon-
« naîtrait avoir été convenu entre les parties, et non
« lorsqu'on se borne à fixer le sens de la convention par
« interprétation de l'intention des parties ; que, si erronée
« qu'elle puisse l'être, une telle interprétation ne constitue
« qu'un mal jugé, qui ne tombe pas sous la censure de la
« Cour de cassation. »

Confr. conclusions conf. de M. l'av. génér. Paul Fabre, rapp. sur l'arrêt. (Sir. 66, 1, 23.)

Cet arrêt est important à plusieurs points de vue. Il établit d'abord le principe que les juges du fond interprètent les conventions et déterminent souverainement l'intention des parties ; dans l'espèce, cette liberté d'interprétation va jusqu'à permettre aux juges de ne pas tenir compte des termes exprès de la convention, comme contraires à l'intention reconnue chez les contractants. L'arrêt nous donne, en second lieu, la raison de décider ainsi ; c'est que l'art. 1134 ne s'applique pas à l'hypothèse. L'arrêt nous dit enfin dans quel cas unique l'article 1134 se trouve violé ; ce cas unique constitue précisément la deuxième de nos trois hypothèses : lorsque les juges ont modifié pour une raison quelconque ce qu'ils ont reconnu avoir été convenu entre les parties.

Ainsi la doctrine de la jurisprudence paraît bien claire Liberté absolue pour les tribunaux de déterminer les conventions des parties en faisant prévaloir, s'il le faut, l'esprit sur la lettre des contrats. Si erronée que puisse être cette détermination, elle échappe à la censure de la Cour régulatrice, parce qu'elle ne viole aucun texte de la loi (l'art. 1134 étant écarté). Malheureusement la Cour de cassation par une singulière inconséquence, tout en persistant dans sa doctrine sur l'art. 1134, telle qu'elle résulte de l'arrêt ci-dessus analysé et de beaucoup d'autres décisions, y apporte dans d'autres arrêts des réserves (1) qui en sont la dénégation manifeste.

Avant d'examiner ces réserves, nous allons passer rapidement en revue les principales solutions proposées par les divers auteurs qui se sont occupés de la question de la violation de la loi du contrat, ne comprenant, bien entendu, sous cette expression que la question de savoir si les juges du fond déterminent souverainement les conventions par interprétation de la volonté des parties.

Entre tous ces systèmes, un surtout est, pour nous, intéressant à connaître, c'est celui de M. Carré. A l'opposé de la Cour de cassation, M. Carré se fonde sur ce que « le législa-

---

(1) Voir not. arrêts 22 juillet 1872 (D. P. 73, 1, 242), 28 mai 1873 (D. P. 73, 1, 418), 14 févr. 1882 (D. P. 82, 1, 411).

« teur, par l'art. 1134, transforme en véritables lois toutes
« les conventions qu'il n'a pas réprouvées par une dispo-
« sition générale ou particulière, et qu'il les protège par
« les mêmes moyens que ceux qu'il emploie pour assurer
« l'exécution des lois générales (1). » Mais, le principe
ainsi posé, M. Carré n'en admet les conséquences que
moyennant une distinction. Le contrat ressort-il d'un
titre (acte authentique ou sous seing privé non contesté), et ce titre est-il clair, alors la décision des juges
qui dénaturerait la volonté des parties, doit tomber sous
la censure de la Cour supérieure. Si, au contraire, le contrat ne peut être établi qu'à l'aide des déclarations des témoins, ou si le titre qui relate la convention n'est pas
clair, l'interprétation donnée par les juges du fond est
souveraine (2). Il est aisé de combattre l'argumentation de
M. Carré ; et d'abord les distinctions qu'il y introduit détruisent son système. Comme le fait si justement remarquer M. Foucher (3), en théorie, une fois l'art. 1134 admis comme point de départ, comme basant l'ouverture à
cassation, on ne comprend plus ces restrictions, car

(1) Carré. Traité des lois de l'organisation judiciaire, annoté
p. V. Foucher, VIII, p. 157.
(2) Une théorie analogue est développée dans Dalloz, J. G. Cass.,
n° 1581. « Si les Cours royales ont le droit d'interpréter, on con-
viendra qu'elles ne peuvent exercer ce droit que là où il y a matière
à interprétation, c'est-à-dire là où il y a doute, incertitude, obscurité dans les textes, dont l'appréciation leur est confiée... La première condition à laquelle il faille satisfaire pour placer un arrêt
sous la sauvegarde de l'inviolabilité interprétative, est donc de
prouver qu'il y avait quelque chose d'obscur, de douteux dans l'acte
mis en discussion. »
(3) Victor Foucher en note sur Carré, VIII, p. 159.

l'art. 1134 ne les renferme pas. En outre, comment tracer cette limite dont parle M. Carré entre la clarté et l'obscurité d'un acte; il faudrait, pour y parvenir, « que la loi ait pris « soin de marquer le point où les lueurs obscures dispa- « raissent et se perdent dans les clartés de l'évidence (1).»

Il y a enfin une raison décisive qui doit nous faire rejeter ce système, c'est que son point de départ est inadmissible.

M. Carré, en assimilant la violation de la loi du contrat à la violation de l'art. 1134, confond deux principes essentiellement distincts : la loi privée et la loi générale. Comme l'a dit Toullier (2), si les contrats tiennent lieu de loi, ils ne sont que des lois privées qui n'intéressent que ceux qui les ont faites; leur violation ne saurait donc motiver un recours en cassation, lequel a été institué pour le maintien des lois générales et non dans l'intérêt des justiciables. Cette assimilation entre la violation de la loi du contrat et la violation de l'art. 1134 repoussée par la presque unanimité des auteurs, est absolument condamnée par la jurisprudence : on a pu s'en rendre compte par l'arrêt du 22 novembre 1865. Un arrêt plus récent, 28 mai 1873 (D. P. 73, I, 416), s'exprime encore plus nettement à cet égard :

« Attendu que, pour qu'il y ait violation de l'art. 1134, « il faut que le juge, après avoir constaté l'existence et « le sens d'un acte, ait modifié, sous un prétexte quel- « conque, ce qu'il avait déclaré constituer la convention;

---

(1) Boncenne. Théorie de la procédure civile, I, p. 491 et 492.
(2) Toullier. Traité des jugements, II, p.296.

« Que cette violation n'existe pas, lorsque le juge se borne
« à fixer le sens de l'acte en interprétant les clauses qu'il
« contient et en y recherchant l'intention des parties;
« Que dans ce dernier cas, l'interprétation peut, sans
« doute, se trouver erronée, mais qu'une telle interpré-
« tation ne constitue qu'un mal jugé qui ne saurait tom-
« ber sous la censure de la Cour de cassation. »

N'est-ce pas la réfutation formelle du système présenté
par M. Carré? Évidemment oui, puisque ce système repose tout entier sur la soi-disant violation de l'art. 1134.
Nous devrions donc logiquement en conclure que la Cour
de cassation, sans distinguer entre les actes clairs et ceux
qui ne le sont pas, reconnaît d'une manière générale aux
juges du fond le pouvoir de constater souverainement les
intentions et, par suite, les conventions des parties.

A s'en tenir aux arrêts précités, notre conclusion, seule
logique, serait exacte ; elle est malheureusement démentie par d'autres décisions de la Cour de cassation. Voici
comment s'expriment ces arrêts :

« Vu l'art. 1134..... Attendu qu'aux termes de cet arti-
« cle les conventions légalement formées tiennent lieu de
« lois à ceux qui les ont faites, qu'il n'est pas permis aux
« juges, lorsque les termes de ces conventions sont *clairs*
« *et précis*, de dénaturer les obligations qui en résultent
« et de modifier les stipulations qu'elles renferment. »
(Civ., cass., 15 avril 1872. D. P. 72, 1, 176.)

« Attendu que la règle qui vient d'être rappelée (que
« les juges interprètent souverainement le sens des con-
« ventions intervenues entre les parties) ne reçoit ex-
« ception, et que la Cour de cassation n'exerce son droit

« de censure que quand les tribunaux, au lieu d'interpré-
« ter des actes obscurs, ont dénaturé ou altéré des *actes*
« *exprès ou positifs.* » (Req. 22 juillet 1872. D. P. 73,
1, 111.

Ou encore : « Attendu qu'en décidant par interpréta-
« tion du contrat d'assurances....., la Cour d'appel a fait
« une interprétation souveraine qui ne tomberait sous la
« censure de la Cour de cassation que si elle dénaturait
« les termes *clairs et positifs* du contrat. » (15 juillet
1875, Sir. 77, 1, 26.)

Ne semble-t-il pas que, dans ces arrêts (et il serait aisé
d'en trouver beaucoup d'autres conçus dans les mêmes termes), la Cour de cassation ait adopté la distinction de M. Carré entre les actes clairs et les actes obscurs,
ne laissant aux juges du fond la liberté de constater souverainement les conventions des parties que lorsque les
actes sont empreints d'obscurité. Seulement ce qui rend
absolument inexplicable la doctrine de ces arrêts, c'est
que, tout en admettant la solution de M. Carré, la Cour de
cassation rejette formellement ce qui était le fondement
juridique du système : l'assimilation que faisait cet auteur
entre la violation de la loi du contrat et la violation de
l'art. 1134. Si, en effet, l'arrêt précité du 15 avril 1872
nous dit que, lorsque les actes sont clairs et précis, les
juges ne peuvent modifier les stipulations qui y sont
renfermées, l'arrêt du 28 mai 1873, rapporté précédemment, déclare qu'il n'y a violation de l'art. 1134 que lorsque les juges ont modifié ce qu'ils ont reconnu avoir été
convenu entre les parties (ce qui suppose que les juges
déterminent, librement et dans tous les cas, les conven-

tions intervenues). En comparant les dates des deux arrêts, on peut se rendre compte que les deux doctrines si dissemblables que contiennent ces arrêts, sont admises concuremment par la Cour suprême. Ainsi, d'une part, la Cour reconnait que l'art. 1134 ne peut faire obstacle au pouvoir souverain qu'ont les juges de constater et de déterminer les conventions intervenues entre les parties, et, d'autre part, elle apporte à ce pouvoir, lorsque les actes qui relatent les conventions sont clairs et précis, une exception qu'aucun texte de loi ne motive.

Il y a donc, dans la jurisprudence de la Cour de cassation une contradiction qu'on a essayé de faire disparaître. Nous lisons, en effet, dans une note insérée dans Dalloz, sous l'arrêt du 22 juillet 1872 (D.P. 73, 1, 111): « Le droit de censure de la Cour de cassation est restreint par la jurisprudence dans des limites plus étroites que les termes du présent arrêt ne semblent l'indiquer. Il ne faudrait pas croire que la Cour se reconnait le droit de censure des interprétations du contrat, toutes les fois que le juge paraît avoir dénaturé ou altéré des actes exprès ou positifs. » Et alors pour expliquer les restrictions de l'arrêt, l'auteur de la note les rattache au droit, que la Cour suprême s'est toujours réservé, de contrôler la qualification et les conséquences légales attribuées par les juges aux conventions par eux constatées.

Les juges du fond conserveraient donc pleinement le droit de déterminer les conventions des parties, tel que ce droit leur est reconnu par les arrêts du 22 novembre 1865 et du 28 mai 1878. Les décisions qui paraissent se contredire se concilieraient de cette manière : les unes auraient trait à la qualification des conventions, qui peut être contrôlée par la Cour ; les autres viseraient leur constatation, ce qui reste dans le domaine exclusif des juges du fond.

Cette explication, très plausible à coup sûr, ne s'accorde malheureusement pas avec le langage des arrêts des 15 avril et 22 juillet 1872 et 15 juillet 1875. Que disent ces arrêts ? que l'interprétation des juges cesse d'être souveraine lorsqu'elle se heurte au texte clair et précis du contrat. Est-ce de la qualification des conventions qu'il s'agit ? Non évidemment, c'est l'interprétation et la constatation des conventions qui sont en jeu. L'explication proposée est donc inadmissible, la contradiction subsiste dans la doctrine des arrêts.

Pourrait-on en donner une explication qui la ferait disparaître ? Nous ne le pensons pas. D'ailleurs, remarquons qu'il s'agit moins d'une contradiction que d'une inconséquence. La Cour de cassation, en effet, déclarant dans quelques-uns de ses arrêts que l'art. 1134 n'apporte aucune entrave au pouvoir souverain qui appartient aux juges du fond de déterminer les conventions, il semble logiquement que ce pouvoir ne peut être restreint. La Cour n'admet pas cette conséquence de son système, et décide, dans d'autres arrêts, que le pouvoir souverain d'interprétation réservé aux juges du fond reçoit exception, lorsque les actes qui relatent les conventions sont clairs et précis.

Cette exception, avons-nous dit, est arbitraire parce qu'elle ne repose sur aucun texte de loi. On peut en outre lui opposer les objections formulées précédemment contre la distinction de M. Carré et demander à la Cour, à quoi l'on reconnaîtra que les termes d'un acte sont tellement clairs et précis qu'ils ne laissent place à aucune interprétation. L'interprétation suppose incontestablement un doute, mais, comme l'a fait si excellemment observer un savant jurisconsulte, que nous sommes heureux de pouvoir invoquer en faveur de notre opinion, « le doute peut résulter des circonstances et être très sérieux, sans que la lettre du contrat soit grammaticalement obscure ou ambiguë » (1). L'interprétation donnée par les juges du fond, pour être très large et sembler même en désaccord avec les termes du contrat, peut cependant être conforme à l'intention véritable des parties, qui ont eu le tort d'employer des expressions contraires à leur pensée. Mais l'interprétation, fût-elle même inexacte, n'en devrait pas moins être souveraine.

Ne voit-on pas, en effet, que la Cour de cassation, pour décider que la lettre du contrat exprime clairement l'intention des contractants et qu'il n'y a pas de doute à interpréter, sera obligée de déterminer auparavant cette intention, puisque, comme nous l'avons dit, l'intention des parties peut être toute différente de la lettre du contrat, parfaitement claire au point de vue grammatical?

Voilà la Cour suprême devenue troisième degré de juridiction, dans certains cas exceptionnels, il est vrai, lorsque les actes qui relatent les conventions lui paraissent clairs et précis.

Il est inutile d'insister plus longuement sur les incon-

(1) M. Labbé, dans une note détaillée. (Sirey, t. 73, 1, 289.)

vénients de cette doctrine; les restrictions, apportées par la Cour au pouvoir de constatation qu'elle accorde aux juges du fond, sont illogiques du moment qu'elle reconnaît que l'art. 1134 défend seulement aux juges de modifier ce qu'ils ont constaté; ces restrictions sont arbitraires, puisqu'elles ne reposent sur aucun texte de loi; elles transforment enfin la Cour de cassation, contrairement à son institution, en un troisième degré de juridiction. Nous pensons donc qu'elles doivent être rejetées.

Ecartant l'exception pour nous en tenir au principe général formulé par la Cour dans ses arrêts, 22 nov. 1865 et 28 mai 1875, nous dirons, que les juges déterminent dans tous les cas et souverainement les conventions des parties par interprétation de leur volonté.

Il ne faut pas cependant se méprendre sur la portée du pouvoir que nous attribuons ainsi aux tribunaux du fond; ils interprètent souverainement, disons-nous, les faits et les conventions et peuvent par une interprétation souveraine faire prévaloir l'esprit sur la lettre du contrat, mais avant de procéder à cette interprétation, ils doivent commencer par constater les faits, les circonstances, qui sont la base et le point de départ de leur interprétation. Or, cette constatation des faits, les juges ne peuvent la faire comme bon leur semble; la loi ayant subordonné l'admission de la preuve à certaines règles, ils doivent s'y conformer. Ils doivent de même tenir pour constants les faits relatés dans un acte authentique ou sous seing privé reconnu, la loi ayant attaché aux déclarations de ces actes une certaine force probante.

Aux termes des art. 1319 et 1322, l'acte authentique, non argué de faux, et l'acte sous seing privé, non contesté par celui auquel on l'oppose, font pleinement foi de leur contenu à l'égard des parties contractantes et de leurs héritiers ou ayants cause. La décision du juge, qui ne tiendrait pas compte des faits constatés dans un acte authentique ou sous seing privé, violerait évidemment les art. 1319 et 1322 et serait pour ce motif sujette à cassation (1).

La Cour régulatrice a eu, à plusieurs reprises, l'occasion d'appliquer cette règle. Elle a cassé un arrêt de la Cour de Toulouse, qui avait dénaturé les faits constatés dans un acte authentique, et voici par quels motifs :

« Attendu qu'il résulte d'un procès-verbal régulier et non argué de faux, qu'Augé, conducteur d'une charrette dans laquelle se trouvaient deux pièces de vins, ayant été sommé par deux employés de leur représenter l'expédition dont il devait être porteur, leur aurait répondu, d'abord qu'il n'en avait pas, puis, alors que les employés déclaraient qu'ils allaient procéder à la saisie du vin, qu'ils n'avaient qu'à le suivre.... Attendu que ces faits ne sauraient constituer l'exhibition et la représentation formelle de l'expédition ou passavant, à laquelle était tenu Augé, puisqu'il s'est borné à montrer à distance aux employés un papier plié, dont le contenu n'a pu être connu des dits employés. Attendu que dès lors le procès-verbal

___

(1) Cfr. en ce sens Scheyven, Traité pratique des pourvois en cassation, Bruxelles, 1866, n° 34, et les arrêts de la jurisprudence belge qui y sont rapportés.

dont s'agit constatait une contravention à l'art. 17 de la loi du 28 avril 1816, et que, d'après l'art. 26 du décret du 1er germ. an XIII, ce procès-verbal devait faire foi jusqu'à inscription de faux. Attendu qu'en ne faisant pas, au cas dont il s'agit, l'application de l'art. 17 de la loi du 28 avril 1816 et, en renvoyant Augé de la demande en validité de saisie formée contre lui, la Cour royale de Toulouse est contrevenue aux dispositions ci-dessus rappelées du décret du 1er germinal an XIII et de la loi du 28 avril 1816. Par ces motifs casse. » (Ch. réun., 20 déc. 1828. D. P., 29, 1, 70.)

La Cour a également cassé un jugement qui annulait le procès-verbal d'un garde-forestier, par le motif que lecture ne lui avait pas été faite, préalablement à l'affirmation, par l'officier public qui l'avait écrit, alors que l'observation de la formalité prescrite par la loi, résultait des termes même du procès verbal. (Arr. 27 déc. 1828. D. P., 1829, 1, 88) (1).

Bien que l'occasion ne se soit pas présentée, la Cour déciderait sans doute de même, si au lieu d'un acte authentique il s'agissait d'un acte sous seing privé dans le cas de l'art. 1322 (2).

Il faut seulement se garder de confondre le droit que nous reconnaissons maintenant à la Cour suprême, de faire respecter la foi due aux actes, d'après les art. 1319 et 1322, avec la doctrine que la Cour formule dans divers

(1) Voir d'autres arrêts rapp, dans Delangle, loc. cit., Cass., n° 368.
(2) Scheyven, loc. cit., n° 34. Cet auteur cite à l'appui de son opinion des arrêts de la Cour de cass. de Belgique.

arrêts, en disant qu'elle peut censurer l'interprétation des juges du fond comme contraire au texte formel et précis des actes.

Cette doctrine, on s'en souvient, nous l'avons combattue et rejetée il y a un instant; elle ne se fonde d'ailleurs aucunement sur les art. 1319 et 1322, ces articles n'apportant aucun obstacle à l'interprétation du contenu des actes, si large que soit cette interprétation. Mais ces articles seront violés lorsque le juge du fond, au lieu d'accepter, comme base et comme point de départ de son interprétation, les clauses du contrat et les circonstances de fait, telles qu'elles sont constatées dans les actes qui les relatent, les aura ou dénaturées ou mises de côté. Dans ce cas, la foi due à l'acte est méconnue, l'intervention de la Cour suprême s'explique ; cette intervention ne se comprend plus, lorsque la Cour prétend rechercher si les termes de l'acte sont suffisamment clairs et précis pour ne laisser place à aucune interprétation.

Et maintenant que nous en avons fini avec cette délicate question de la violation de la loi du contrat, résumons brièvement les conclusions auxquelles nous sommes arrivés :

1° Les juges du fond constatent et interprètent souverainement les conventions des parties, sous la seule condition de ne pas violer les prescriptions légales en matière de preuve et la foi due aux actes authentiques et sous seing privé (art. 1319 et 1322). On sait dans quels cas cette violation se produirait.

2° Entraîne cassation, le fait par les juges de se refuser

à appliquer aux parties, ou de modifier ce qu'ils auront reconnu avoir été convenu entre elles (art. 1134).

3° Enfin la Cour de cassation peut contrôler la qualification donnée par les juges aux conventions par eux déterminées, vérifier si les conséquences qu'ils en ont tirées sont légales, lorsque ces conventions réunissent les éléments et les caractères d'un contrat prévu et réglé par la loi.

La Cour de cassation n'accepte, on s'en souvient, la première de nos trois propositions qu'avec une restriction importante.

D'après la Cour, la détermination que les tribunaux font des conventions cesse d'être souveraine, lorsque les termes des actes relatant ces conventions sont clairs et précis.

Cette réserve, nous l'avons rejetée pour plusieurs raisons, dont la principale était l'absence de fondement légal; la Cour de cassation, en effet, n'invoque le plus souvent aucun texte à l'appui de sa doctrine. Cependant, dans quelques hypothèses particulières, elle a cherché à l'établir sur des motifs exceptionnels et spéciaux.

Ce sont ces motifs qu'il nous reste maintenant à étudier, pour voir s'ils peuvent justifier, dans les cas particuliers où ils apparaissent, une dérogation que nous n'avons pu admettre en thèse générale.

Ces cas particuliers, peu nombreux d'ailleurs, se répartissent en deux catégories distinctes. Dans la première nous rangerons toutes les hypothèses où, pour parler le langage de la Cour, l'ordre public est intéressé; nous citerons à titre d'exemple : la substitution prohibée,

Aubert.   12

le contrat de mariage. La deuxième catégorie ne comprend qu'une convention : la transaction.

En matière de substitution prohibée et de contrat de mariage, la Cour de cassation a cru, au nom de l'ordre public engagé, pouvoir se livrer à l'appréciation des actes pour rechercher si les juges du fond avaient exactement déterminé l'intention des parties.

Quant à la transaction, la Cour suprême a invoqué une autre considération, tirée de textes spéciaux à cette convention.

Examinons successivement ces trois hypothèses : substitution prohibée, contrat de mariage, transaction.

Substitution prohibée. — Un point doit tout d'abord être mis à part, comme hors de conteste, c'est que la Cour de cassation peut, en matière de substitution prohibée, comme pour toutes les autres opérations juridiques prévues par la loi, contrôler la qualification légale donnée par le juge aux éléments de fait qu'il a constatés. Les éléments et les caractères constitutifs d'une substitution prohibée sont indiqués dans l'art. 896 C. C. Pour qu'on soit en présence d'une substitution, il faut :

1° Disposition de la propriété d'un même bien au profit de deux personnes. A ce premier élément vient se joindre un caractère : la propriété ne doit jamais passer aux deux institués que successivement.

2° Obligation juridique imposée au premier institué de conserver le bien à lui transmis pour le rendre au second gratifié. Ce deuxième élément doit, lui aussi, présenter un caractère, que l'art. 896 n'indique pas ex-

pressément, il est vrai, mais que la Cour de cassation,
conformément au pouvoir que nous lui avons reconnu, a
tiré de l'esprit de la loi. L'obligation de restituer qui
grève le premier institué ne doit produire effet qu'au
moment de son décès.

Remarquons immédiatement que ces deux caractères
attachés par la loi à la transmission de propriété et à
l'obligation de restituer constituent des conditions précises et rigoureuses. La Cour de cassation pourra donc
en vérifier l'existence, aussi bien que pour les éléments,
afin de rechercher si la qualification donnée est exacte.
Ce droit de la Cour est incontestable et ne présente
aucune difficulté, si la Cour suprême prend pour base de
son examen les faits tels qu'ils ont été constatés par les
juges du fond.

Ce qu'il s'agit de savoir, et la question est alors délicate, c'est si la Cour peut faire porter son examen sur
les actes de disposition eux-mêmes lorsque les termes en
sont clairs et précis, au lieu de s'en tenir à la signification que leur ont donnée les juges du fond, par interprétation de la volonté du disposant. Nous revenons, on
le voit, à la question déjà discutée : l'interprétation du
juge cesse-t-elle d'être souveraine lorsque la lettre du
contrat a un sens précis et positif? Aussi ne sommes-
nous pas étonné de voir la Cour de cassation répondre
affirmativement, appliquant à la substitution prohibée sa
doctrine générale en matière de contrat; seulement, dans
l'espèce, elle justifie sa décision par un motif particulier :
l'ordre public. Voici quelles sont à cet égard les expressions de la Cour :

« Que si, en matière de substitution et lorsqu'il s'agit de faire respecter une loi d'ordre public, dont par une fausse interprétation il serait toujours facile d'éluder les prohibitions, la Cour de cassation se réserve exceptionnellement un droit de contrôle, auquel en général échappent les appréciations de fait, ce droit ne va pas jusqu'à s'exercer sur l'intention du testateur affirmée par le juge du fond, *lorsque d'ailleurs cette affirmation n'est démentie, ni par les clauses de l'acte,* ni par les conséquences juridiques ou légales qui en découlent. » (Req., 4 déc. 1865. D. P., 66, 1, 39.)

« Attendu que, s'il appartient à la Cour de cassation, en matière de substitution, d'examiner les termes mêmes des actes pour reconnaître s'ils constituent ou non une substitution, et si elle s'est toujours réservée le droit de contrôler en pareille matière les appréciations des juges du fait, ce contrôle, que la Cour n'exerce que dans un but d'ordre public, ne va pas jusqu'à entrer dans la discussion des faits sur lesquels les cours impériales se sont fondées pour rechercher, en cas de doute et d'incertitude, quelle avait été l'intention du disposant, et à reviser l'affirmation émise par elles à cet égard, quand cette affirmation n'est pas démentie formellement par les termes et clauses de l'acte. » (3 mai 1869, D. P., 69, 1, 255.)

Deux idées importantes se dégagent de ces arrêts.

On y voit d'abord que, pas plus en matière de substitution qu'à propos de toute autre opération juridique, la Cour de cassation ne prétend rechercher elle-même l'intention du disposant.

Mais, en second lieu, la Cour soutient qu'elle peut examiner si l'interprétation que les juges ont donnée de
cette intention est conforme aux clauses de l'acte, lorsque les termes en sont formels. C'est donc, sous une
forme différente, la reproduction du système que la Cour
de cassation exprimait d'une façon plus générale dans
des arrêts rapportés précédemment. En matière de substitution, la Cour semble rattacher sa doctrine à un
intérêt d'ordre public. Ce motif peut-il la justifier?

Nous ne le pensons pas, car, comme nous l'avons souvent répété, la lésion d'intérêts privés, quelque grave
qu'elle soit, ne peut motiver une intervention de la Cour
de cassation qu'autant que cette lésion résulte de la violation d'une loi; or, aucune loi n'est venue restreindre
le pouvoir d'interprétation des juges du fond lorsque les
clauses à interpréter sont importantes et intéressent un
grand nombre de personnes.

D'ailleurs, et c'est par là que nous terminons, on ne
comprend pas en quoi l'interprétation des clauses d'un
acte, qu'on prétend contenir une substitution prohibée,
peut intéresser l'ordre public. Ce qui importe à l'ordre
public et à la société, c'est que les substitutions prohi-
bées ne soient pas exécutées; or, il est bien évident que
si jamais un tribunal ou une cour s'avisait de tenir pour
valable une disposition testamentaire, après y avoir constaté tous les éléments et caractères de la substitution
prohibée, cette décision encourrait la censure de la Cour
suprême.

Contrat de mariage. — Il faut ici, comme toujours,

distinguer soigneusement la détermination des clauses
du contrat de mariage de leur qualification. La Cour de
cassation, incontestablement, peut et doit rechercher si
les juges du fait ont donné aux conventions matrimoniales qu'ils ont constatées la qualification que la loi leur
attribuait, à raison de leurs éléments et caractères. C'est
ce que reconnaissent de nombreux arrêts (1).

Mais avant de qualifier les conventions matrimoniales,
en leur adaptant la dénomination légale qu'elles méritent, il faut constater leur existence et déterminer quelles
ont été, au juste et au vrai, les conventions des parties.
Ceci conduit à rechercher si les clauses écrites dans le
contrat ont, en réalité, le sens qu'elles ont en apparence;
si la rédaction est ou non conforme à l'intention véritable des parties. Dans un contrat de mariage, de même
que dans toute autre convention, les clauses peuvent
être obscures ou ambiguës, l'intention des contractants
peut être différente de la lettre du contrat, parfaitement
claire au point de vue grammatical. De là, nécessité pour
le juge de se livrer à une interprétation pour déterminer
quelles sont, en réalité, les conventions qu'avaient en
vue les parties. Il s'agit seulement de savoir si l'interprétation du juge est toujours souveraine, et s'il peut dans
tous les cas faire prévaloir l'esprit sur la lettre du contrat.

Mettons à part, pour le moment, les clauses du régime
dotal, lesquelles, à raison de leur nature particulière,
demandent des explications. Nous y reviendrons plus
tard.

(1) V. not. Ch. réun., 8 juin 1858. (Sir., 58, 1, 423.)

Quant aux autres clauses, si la rédaction est obscure ou ambiguë, tout le monde est d'accord pour laisser aux magistrats la liberté d'interprétation souveraine qu'on leur reconnaît pour les autres conventions. Les plus ardents défenseurs de l'ordre public et de l'intérêt des tiers déclarent, eux aussi, qu'il n'y a pas lieu de restreindre en pareil cas, les pouvoirs ordinaires des juges; l'obscurité même des termes du contrat de mariage devait, disent-ils, avertir les tiers de se mettre en garde.

Mais si les énonciations du contrat sont claires et précises, ne prêtent pas au doute, la Cour de cassation, conformément à sa doctrine générale, retire aux tribunaux du fond la liberté d'interprétation : c'est ce que donnent à entendre de nombreux arrêts.

« Attendu que si les pouvoirs de la Cour de cassation s'étendent jusqu'au droit incontestable d'examiner le régime sous lequel les époux se sont mariés et de déterminer les caractères de ce régime, suivant les énonciations de leur contrat de mariage, ce droit ne va pas jusqu'à interpréter les conventions particulières énoncées audit contrat..... que le droit de déterminer la partie d'une stipulation *dont le sens est douteux* appartient, *sous cette réserve*, souverainement aux Cours impériales chargées d'interpréter les contrats suivant l'intention des parties. » (9 déc. 1856. D. P. 57, 1, 118.)

« Attendu que s'il appartient à la Cour de cassation de déterminer le caractère légal des conventions matrimoniales et d'en qualifier les clauses, ce droit ne fait pas obstacle au pouvoir souverain, qu'ont les Cours d'appel, d'interpréter les conventions particulières contenues dans les contrats de mariage, *quand ces énonciations prêtent au doute.* » (5 fév. 1873. Sir., 73, 1, 289.)

Enfin sur un pourvoi, se fondant sur ce que l'interprétation donnée par les juges du fait à une clause d'un contrat de mariage violait les termes formels du contrat, la Cour de cassation a prononcé le rejet, par ce motif « que les dispositions du contrat *étaient assez vagues* pour nécessiter une interprétation, » qui devait, en pareil cas, être souveraine. (Req. 2 fév. 1881. D. P. 81, 1, 423.)

Ces divers arrêts, dont le sens devient certain, si on les rapproche des autres décisions que nous avons déjà citées pour montrer la distinction établie par la Cour de cassation entre les termes formels et positifs d'un contrat et les termes obscurs, appliquent évidemment cette même distinction au contrat de mariage. Ils ne donnent d'ailleurs aucune raison à l'appui.

Ce sont les commentateurs qui ont essayé de justifier, à propos du contrat de mariage, la distinction de la jurisprudence, en s'appuyant principalement sur ce que les contrats de mariage n'intéressent pas seulement les époux, mais les tiers, la société et partant l'ordre public. L'invariabilité du contrat de mariage, a-t-on dit, est la garantie des tiers; or, de même que les juges ne peuvent rien ajouter à ce qui est exprimé, ils ne peuvent interpréter les clauses du contrat de mariage lorsqu'elles sont claires et précises, parce que interpréter ce qui est clair, c'est suppléer.

M. Labbé, qui rapporte ces diverses considérations (1),

(1) Dans une note importante insérée dans Sirey (1873, 1, 289).

les réfute en faisant une distinction, que nous adopterons
nous-même, entre le cas où les juges ont à interpréter
une clause exprimée dans le contrat de mariage, et celui
où il s'agirait pour eux de suppléer au silence des parties.

Pour les clauses exprimées, les juges du fond peuvent
les interpréter, lorsqu'elles sont contenues dans un contrat de mariage, tout aussi librement que lorsqu'elles font
partie d'une autre convention quelconque, ceci est incontestable ; la loi n'ayant pas retiré aux juges, à propos du
contrat de mariage, leurs pouvoirs ordinaires pour l'interprétation des clauses d'une convention. Par la même
raison, nous dirons que l'interprétation des juges est
souveraine, que les clauses du contrat de mariage soient en
apparence claires ou qu'elles soient obscures; nous n'avons
sur ce point qu'à reproduire les expressions de M. Labbé,
précédemment citées : « Le doute qui motive une interprétation peut résulter des circonstances et être très sérieux, sans que la lettre du contrat soit grammaticalement obscure ou ambiguë.» Nous conclurons de tout ceci
que la distinction de la jurisprudence entre les termes
clairs et positifs et les termes obscurs, distinction déjà
repoussée par nous en principe, n'est pas davantage admissible en matière de contrat de mariage.

Passons maintenant au second droit qui appartient aux
juges du fond, aux termes de l'art. 1135, et rentre dans
leur pouvoir d'interprétation lato sensu, droit de suppléer
les clauses non exprimées, lorsqu'elles sont conformes à
l'équité, à l'usage, à l'intention probable des parties. Les
juges pourront sans doute constater souverainement que
l'intention des contractants a été de sous-entendre dans

leur contrat de mariage telle ou telle clause omise dans la rédaction. Cette constatation ainsi faite suffirait à rendre obligatoire une clause omise dans une convention pour laquelle la loi n'exige pas la forme notariée. Mais dans les matières où la loi prescrit cette forme, pour le contrat de mariage en particulier, par suite de l'art. 1394, C. C., la volonté des parties d'adopter telle ou telle disposition, déterminée par les juges du fond, n'a de force et de valeur qu'autant qu'elle est contenue dans un acte notarié ; la forme est une des conditions de validité de la clause. Les tribunaux du fond ne pourront donc suppléer dans un contrat de mariage une clause absente, par exemple une clause de réalisation absolument omise. C'est la seule dérogation apportée par l'art. 1394 ; cet article ne diminue en rien les pouvoirs des juges quant à l'interprétation des clauses exprimées.

Mais en matière de régime dotal, la nature exceptionnelle de ce régime et les textes spéciaux n'exigent-ils pas une nouvelle dérogation à l'art. 1135, relative cette fois à l'interprétation des clauses exprimées ? La question s'est présentée notamment dans l'hypothèse où les parties avaient voulu, tout en adoptant le régime de communauté, y insérer une clause du régime dotal, l'inaliénabilité d'une portion des biens de la femme. Cette combinaison de deux régimes était certainement licite ; d'un autre côté, dans l'espèce, les juges du fond, en déclarant que les contractants avaient l'intention de soumettre une partie des biens de la femme à l'inaliénabilité dotale, ne suppléaient pas une clause omise, ils interprétaient une disposition écrite dans le contrat de mariage, disposition

qui pouvait être entendue comme visant la clause d'inaliénabilité. La Cour de cassation a cependant décidé, toutes
chambres réunies : 1° Qu'elle pouvait en pareil cas
examiner la clause à interpréter; 2° Que l'interprétation
des juges du fond était à elle seule insuffisante pour donner à la disposition insérée dans le contrat de mariage,
la force et la valeur d'une clause de dotalité.

« Vu les art. 1392, 1554 et 2092, C. C. Attendu que la
femme commune, qui veut modifier par une clause de dotalité partielle le régime sous lequel elle s'est mariée,
doit en faire dans le contrat la déclaration expresse; que,
si à cet égard aucune formule sacramentelle n'est prescrite, l'intention doit toujours être assez clairement
énoncée pour qu'aucun doute ne puisse tromper les tiers;

« Attendu qu'il appartient à la Cour de cassation de déterminer le caractère légal des conventions matrimoniales et d'en qualifier les clauses;

« Attendu qu'il résulte de l'arrêt attaqué que, par l'article
premier de leur contrat de mariage, les époux Yvon ont
adopté le régime de communauté avec certaines restrictions et modifications; que l'art. 5 impose au mari, s'il
aliène les immeubles de sa femme, l'obligation d'un remploi accepté par elle, ou d'une garantie hypothécaire que
les acquéreurs sont tenus de conserver par une inscription ;

« Attendu que cette clause ne présente ni une déclaration
expresse de dotalité, comme le veut la loi, ni une stipulation qui puisse en tenir lieu; qu'elle ne fait qu'assurer à
la femme certaines garanties pour le cas d'une vente
volontaire, mais qu'il ne ressort pas nécessairement que

d'une manière absolue et pour les obligations qu'elle pourrait contracter personnellement, ses biens immeubles se trouveraient frappés de l'inaliénabilité dotale... Casse. » (Ch. réun., 8 juin 1858. Sir., 58, 1, 423.)

Reprenons les motifs contenus dans cet arrêt, ils nous paraissent justifier pleinement la doctrine de la Cour suprême. La Cour commence par établir, ce qui était son droit, qu'il résulte des divers textes relatifs au régime dotal et à raison de la nature exceptionnelle de ce régime, que l'adoption d'une clause de dotalité doit être faite, sinon d'après une formule sacramentelle, que la loi ne prescrit pas, du moins en termes exprès et formels ne laissant place à aucun doute. Ainsi, tandis que pour toutes les autres clauses la loi exigeait qu'elles fussent exprimées dans un acte notarié, elle requiert de plus pour les clauses de dotalité une rédaction suffisamment claire pour prévenir toute hésitation possible sur la volonté des parties. Si donc les termes employés dans le contrat peuvent être entendus comme visant une clause autre que celle de dotalité, c'est cette interprétation qui doit prévaloir; si les parties ont stipulé dans leurs conventions un des effets du régime dotal, on ne peut faire produire à cette stipulation tous les autres effets d'une clause de dotalité. C'est ce qui s'était produit dans l'espèce qui a motivé l'arrêt précité. Les époux Yvon avaient subordonné l'aliénation des immeubles de la femme à la condition d'un remploi ou garantie hypothécaire. Les juges du fond en avaient déduit, par interprétation, que l'intention des époux était d'adopter quant à ces immeubles le régime dotal et de les rendre par suite inaliénables. Cette interprétation de la volonté des parties pouvait être exacte, et la Cour de cassation ne l'a pas critiquée ; la Cour a seulement déclaré que l'adoption d'une clause de dotalité n'en pouvait résulter, parce que la volonté des contractants à cet égard ne s'était pas manifestée, comme le prescrivait la loi, en termes exprès et formels. En décidant ainsi, par application des textes de loi dont il lui appartenait de préciser le sens, la Cour de cassation n'a pas outrepassé ses pouvoirs et la restriction, qu'elle apporte à la liberté d'interprétation concédée aux juges du fond, est légitime parce qu'elle a son fondement dans la loi.

En résumé, le pouvoir qu'ont ordinairement les tribunaux pour interpréter les conventions, subit en matière de contrat de mariage deux réserves : les juges ne peuvent par interprétation de la volonté des parties suppléer une clause entièrement omise ; ils ne peuvent donner à une clause douteuse la signification et la valeur d'une clause de dotalité.

De ces deux restrictions, la dernière est spéciale au régime dotal ; quant à l'autre, d'une portée plus générale, elle s'adresse à toutes les conventions pour la validité desquelles la loi exige la rédaction d'un acte notarié, par suite à la donation et à l'hypothèque, tout aussi bien qu'au contrat de mariage.

Transaction. — L'art. 2044, C. civ., définit la transaction : « un contrat par lequel les parties terminent une contestation née ou préviennent une contestation à naître. » A nous en tenir à cette définition, la transaction est une convention, qui ne diffère des autres contrats prévus et réglés par la loi que par son but. Si donc, il demeure incontestable que la Cour de cassation puisse contrôler l'exactitude de la qualification de transaction, prononcée par les juges du fond, on ne voit aucune raison de donner à la Cour, quant à l'examen des termes des actes, des pouvoirs plus étendus qu'à propos de toute autre convention constatée par écrit.

Cette raison on a cru la rencontrer dans l'art. 2052 C. C. qui est ainsi conçu : « Ces transactions ont entre les parties l'autorité de la chose jugée en dernier ressort. » Argumentant de cette disposition, on a pensé, et la Cour suprême a partagé pendant quelque temps cette opinion, que la loi assimilait la transaction à un jugement, notamment au point de vue de l'interprétation. Or, quand il s'agit de l'interprétation d'un jugement, tout le monde admet que la Cour de cassation a le droit de la contrôler, afin de faire respecter l'autorité de la chose jugée, dont l'observation rigoureuse intéresse au suprême degré la loi qui l'a édictée et l'ordre public tout entier. Si donc la transaction a, aux termes de l'art. 2052, l'autorité de la chose jugée, il faut pareillement en déférer l'interprétation à l'examen de la Cour suprême. Cependant la Cour, peu logique avec elle-même, a, tout en prenant comme point de départ l'art. 2052, reconnu aux juges du fond le pouvoir d'interpréter souverainement la transaction, lorsque le sens de l'acte est obscur et douteux ; réservant son droit de censure pour le cas où les dispositions en seraient claires, expresses et positives. C'est du moins ce que décident les deux arrêts suivants :

Ch. civ., 21 janv. 1835 (Sir., 35, 1, 105) : « Vu l'art. 2052,

C. civ...; Que si l'intention peut être recherchée pour l'interprétation de quelques clauses dont le sens serait douteux, la substance des actes doit être respectée et l'on ne peut en changer, ni détruire les dispositions, comme l'a fait l'arrêt attaqué, sans porter atteinte à l'autorité de la chose jugée et violer la loi, qui attache cette autorité à la transaction dont il s'agit; casse. »

Ch. civ., 6 juillet 1836 (D. P., 36, 1, 408). « Vu l'art. 1052.... Considérant que la loi attache l'autorité de la chose jugée en dernier ressort aux transactions; que si l'on peut y chercher la volonté des parties par voie d'interprétation, c'est seulement quand le sens en est obscur ou douteux, mais qu'on ne peut en changer les dispositions, quand elles sont, comme dans l'espèce, claires et positives, et qu'en le faisant la Cour de Rouen a expressément violé la loi précitée. »

Ces arrêts ne font en définitive que reproduire à propos de la transaction la théorie que nous avons déjà rencontrée dans l'interprétation des conventions en général, et qui consiste à distinguer les clauses claires et formelles des clauses obscures; nous la trouvons ici appuyée sur un texte spécial : l'art. 2052, et nous avons à examiner la valeur de l'argument qu'on prétend y trouver.

Mais auparavant, nous devons nous expliquer sur une difficulté à laquelle a donné lieu la question de savoir, si la doctrine que nous venons d'exposer était bien celle de la Cour suprême en matière d'interprétation des transactions. On a en effet soutenu qu'il y avait sur ce point désaccord entre la jurisprudence de la Chambre civile et celle de la Chambre des requêtes. Cette dernière chambre appliquerait à la transaction la distinction habituelle, entre les clauses obscures et les clauses formelles; la Chambre civile ferait un pas de plus et se réserverait exceptionnellement en matière de transaction le pouvoir d'apprécier, après les juges du fond, le sens et la portée des dispositions, alors même que les termes en seraient obscurs et douteux.

Nous ne croyons pas que la jurisprudence de la Chambre civile autorise cette interprétation; c'est se méprendre sur la pensée véritable des arrêts de cette Chambre. Les deux décisions, que nous venons de rapporter, réservent expressément pour les juges du fond la souveraineté d'interprétation des clauses dont le sens serait douteux. Il est vrai que, dans quelques hypothèses où on pouvait hésiter sur le point de savoir, si les dispositions étaient claires, expresses et positives, la Cour de cassation a censuré l'interprétation des tribunaux du fond (V. not., Ch. civ., 19 nov. 1851; D. P., 1851, 1, 323); c'est que la Cour estimait les énonciations de l'acte claires et certaines.

En sens inverse, sur la foi de quelques arrêts de la Chambre des requêtes, qui rejetaient des pourvois en proclamant en termes généraux la souveraineté d'interprétation des juges du fond en matière de transaction (Req., 6 déc. 1869. D. P., 70, 1, 201; 2 mars 1874, D. P., 74, 1, 359), divers auteurs, M. Troplong entre autres (1), ont pensé que la Chambre des requêtes n'admettait pas la restriction adoptée par la Chambre civile. Mais, sur ce

_____

(1) Troplong. Transact., n° 116.

point encore, la contradiction de jurisprudence nous semble plus apparente que réelle; la Chambre des requêtes a sans doute vu dans les arrêts qui lui étaient déférés une interprétation nécessitée par des doutes sérieux, et voilà pourquoi elle l'a respectée.

Toute divergence d'opinion entre les deux Chambres de la Cour étant ainsi écartée, reprenons l'examen de l'argument qui motive cette opinion; on le tire de l'art. 2052. L'assimilation, qu'on prétend faire résulter de cet article, entre la transaction et le jugement, présente une grande analogie avec celle qu'on a cru trouver entre la loi du contrat et la loi générale dans l'art. 1134; elle doit succomber devant les mêmes objections. Et d'abord, l'art. 2052 découle visiblement de l'art. 1134. De même que cet article donne à la convention la force de loi entre les parties, de même, et dans un sens identique, l'art. 2052 attribue à la transaction l'autorité de la chose jugée. Mais c'est par figure de langage que la loi s'exprime ainsi; elle n'entend nullement effacer par là les différences, qui tiennent à l'origine respective de la convention et de la transaction d'une part, de la loi et du jugement de l'autre, différences qui font que dans le premier cas des intérêts privés peuvent seuls se trouver lésés, tandis que dans le second l'intérêt général est en jeu.

La Cour de cassation reconnaît d'ailleurs en partie la justesse de ces objections, puisqu'au lieu de contrôler en matière de transactions l'interprétation des juges, toujours et dans tous les cas comme elle le fait pour les jugements, elle se borne à intervenir lorsque les clauses de la transaction sont expresses et formelles. C'est avouer

Aubert.   13

que l'art 2052 n'assimile pas en tous points la transaction au jugement. La Cour suprème a de plus déclaré à plusieurs reprises qu'il n'y avait aucune raison de distinguer l'interprétation de la transaction de celle des autres conventions. Comme conséquence de cette idée, et rejetant la restriction de la Cour suprème à propos de la transaction comme nous l'avons déjà repoussée d'une manière générale, nous dirons que l'interprétation donnée par les juges du fond doit être, en principe, toujours et dans tous les cas souveraine.

Les règles que nous venons d'établir à l'égard de la constatation des faits, leur qualification et la détermination des conséquences légales, sont purement et simplement applicables aux matières commerciales.

La question délicate que soulève leur qualification est, comme en matière civile, de distinguer parmi les caractères, qui doivent se trouver réunis pour qu'une qualification donnée soit exacte, ceux que la Cour suprème peut apprécier à nouveau de ceux que les juges déterminent sans contrôle. Un exemple va nous permettre d'étudier ces difficultés : c'est la matière des brevets d'invention.

Brevets d'invention. — La loi du 5 juillet 1844 est aujourd'hui le texte fondamental en cette matière. Aux termes de l'art. 11 de cette loi, un brevet régulièrement demandé sera accordé sans examen préalable et aux risques et périls du demandeur, c'est-à-dire sans garantie de sa validité. Pour que le brevet délivré soit efficace, il faut : que le produit ou procédé, pour lequel le brevet a été pris, soit susceptible d'être breveté ; que le brevet satisfasse à certaines conditions de formes ; enfin qu'il ne soit pas atteint par une des causes de nullité ou de déchéance énumérées dans l'art. 30 de la loi de 1844 et dans la loi du 31 mai 1856.

Il est incontestable que la Cour suprême aurait à casser la décision des juges du fond, qui tiendrait pour valable un brevet, alors qu'il résulterait des constatations par eux faites que les conditions de forme n'ont pas été remplies, ou que le brevet est frappé d'une nullité prévue et réglée par la loi. Pas de difficulté sur ce point.

Mais la loi de 1844 a énuméré les éléments et les caractères que doit présenter une invention pour qu'elle soit susceptible d'être brevetée. Les juges du fond sont-ils souverains pour décider que les faits constatés réunissent ou ne réunissent pas les conditions prescrites, et par suite pour déclarer la validité ou la nullité du brevet accordé? Ou bien, la Cour de cassation peut-elle, en prenant pour base de son appréciation des faits constatés par les juges, examiner s'ils répondent aux éléments et aux caractères requis par la loi? Aucune de ces deux solutions ne peut être admise dans son entier ; sur certains points, en effet, l'appréciation des juges devra être souveraine ; sur d'autres, la censure de la Cour suprême pourra s'exercer. La distinction par nous faite entre les divers caractères, suivant leur nature, doit retrouver ici sa place.

Pour qu'un procédé soit susceptible d'être breveté, il faut :

1º Qu'il consiste dans l'invention de produits nouveaux

et industriels, ou dans l'invention de nouveaux moyens ou application nouvelle de moyens connus pour l'obtention d'un résultat ou d'un produit industriel (art. 2, L. 5 juillet 1844).

2° Que cette invention n'ait pas reçu, en France ou à l'étranger, avant la date du dépôt de la demande de brevet, une publicité suffisante pour pouvoir être exécutée, (art. 31, id.).

Analysons ces conditions.

Il faut d'abord un élément : invention d'un produit ou d'un moyen pour l'obtenir, ou simplement d'une application d'un moyen. Cet élément doit présenter les deux caractères : d'être nouveau ; d'avoir une portée industrielle.

L'élément requis par la loi, la Cour de cassation peut le relever dans les constatations faites par le juge ; elle a ainsi déclaré, contrairement à la décision des tribunaux du fond, qu'une simple combinaison dans les organes antérieurement connus d'un appareil pouvait être valablement brevetée, en supposant d'ailleurs la réunion des autres conditions (C. cass. 17 janv. 1852. D. P. 53, 1, 67). En statuant ainsi, en faisant rentrer la combinaison des organes dans l'application de moyens connus que prévoit l'art. 2 de la loi de 1844, la Cour de cassation n'a fait qu'interpréter la loi ; elle a cassé, comme c'était son droit, une décision contrevenant à son esprit sinon à son texte.

En ce qui concerne les deux caractères que cet élément de fait doit réunir d'après la loi : la nouveauté et l'application industrielle, la Cour suprême a décidé, à plusieurs reprises, que les tribunaux en étaient les souverains appréciateurs ; c'est avec raison, croyons-nous, ces deux

caractères n'étant pas susceptibles de recevoir une détermination rigoureuse et applicable à toutes les hypothèses. La Cour de cassation a ainsi jugé : que les constatations, au moyen desquelles le juge établit la nouveauté
résultant de l'ensemble et de la combinaison entre eux de
divers procédés décrits dans un brevet, étaient souveraines et échappaient à tout contrôle (Req. 6 nov. 1854. D. P.
55, 1, 347. — 12 fév. 1858. D. P. 58, 5, 43); que l'arrêt,
qui déclarait que la prétendue invention était vulgarisée
dans l'industrie, ne tombait pas sous sa censure (Req. 26
mars 1873. D. P. 73, 5, 53). — De même pour le caractère industriel ; l'appréciation du caractère industriel d'une
invention, c'est-à-dire du point de savoir si elle peut donner lieu à une exploitation utile ayant une valeur commerciale, est souveraine, comme reposant sur des faits
que la Cour de cassation ne peut être appelée à connaître
(Req. 30 nov. 1864. D. P. 65, 1, 165).

Passons à la deuxième condition nécessaire pour que
l'invention soit susceptible d'être l'objet d'un brevet efficace : absence de divulgation, antérieurement à la date du
dépôt de la demande de brevet, par une publicité suffisante pour que l'invention ait pu être exécutée. La divulgation, voilà un élément dont l'existence résultera des
constatations faites par le juge ; la Cour de cassation peut
en connaître.

A cet élément se rattachent deux caractères : caractère
de publicité et caractère de publicité suffisante pour que
l'invention ait pu être exécutée. A l'égard de ce second
caractère, l'appréciation doit en être réservée aux juges
du fond ; la loi n'a pas indiqué et ne pouvait préciser

l'étendue que devait avoir la divulgation pour être su
sante ; cette condition peut se trouver satisfaite, bien que
réalisée à des degrés divers, tout dépendra de la nature
de l'invention (7 juillet 1860. D. P. 61, 5, 52).

Mais la divulgation, résultant des faits constatés, a-t-elle
le caractère d'une publicité véritable ? Voilà une question
de droit ; en effet, à cette dénomination de publicité se
rattache, dans la pensée de la loi, un certain genre de
divulgation dont, il est vrai, elle n'a pas défini les moyens,
mais qu'elle suppose implicitement. La solution de la
question doit donc être soumise au contrôle de la Cour
de cassation. C'est ce que la Cour a reconnu, sans marquer bien nettement la distinction que nous avons cherché à établir entre les deux caractères (Req. 18 janv. 1864.
D. P. 65, 1, 162. — 25 mai 1868. D. P. 68, 1, 443. Sol.
impl.).

SECTION II.

Conditions requises pour que la violation de la loi quant au fond puisse entraîner cessation.

Nous avons déjà trouvé ces conditions énumérées au
siècle dernier par Tolozan ; il en comptait trois : 1° Existence d'une loi vivante et connue des juges ; 2° Disposition d'un jugement qui soit en contradiction avec cette
loi ; 3° Inexistence de faits particuliers à l'affaire, faisant
disparaître cette contradiction (1).

(1) Tolozan. Règl. du Conseil, p. 261.

Ces mêmes conditions sont encore requises aujourd'hui, sauf quelques modifications. Ainsi, tandis que Tolozan exigeait que la loi fût connue des juges, c'est-à-dire qu'elle ait été enregistrée dans le Tribunal où l'affaire était intervenue, nous demandons seulement que la loi qu'on prétend avoir été violée, ait été en vigueur au mo· ment où l'espèce en litige s'est produite. De même pour la troisième condition : qu'il n'y ait rien, dans le fait particulier de l'affaire, qui puisse faire disparaître la contradiction, ne doit plus être entendue comme le faisait Tolozan. Dans la pensée de cet auteur, elle signifiait que « la disposition du jugement et celle de la loi devaient être diamétralement opposées et se détruire pour ainsi dire respectivement » (1) ; et Gilbert de Voisins, dans son mémoire, exprimait la même idée en ces termes : « Si l'on peut croire que les circonstances de fait aient influé sur le jugement, on rejette la demande en cassation parce qu'on peut croire que le juge n'a pas méprisé la loi, mais qu'il a pensé que ce n'était pas le cas d'en faire application » (2). Mais nous verrons que cette doctrine trop restrictive n'est plus admise aujourd'hui ; la fausse interprétation et la fausse application de la loi peuvent donner lieu à cassation ; et alors la troisième condition signifie, pour nous, que la contravention à la loi doit exister réellement et ne pas être seulement apparente. On comprendra, par la suite, dans quelles circonstances cette situation peut se produire.

(1) Tolozan. Règl. du Conseil, p. 260.
(2) Gilbert de Voisins, dans Henrion de Pansey, t. II, p. 232.

Reprenons séparément les trois conditions ainsi mo-
difiées.

PREMIÈRE CONDITION. — *Existence d'une loi qu'on
prétend violée.*

Le mot loi doit être ici entendu dans son sens le plus
large. La loi ne sera donc pas uniquement l'acte émané
du pouvoir législatif, qui seul doit recevoir ce nom pro-
prio sensu, il faut comprendre sous cette dénomination
tous les actes ayant force de loi.

Ainsi envisagés, les actes dont la violation doit entraîner cassation sont fort nombreux, et varient beaucoup,
quant à la nature de l'autorité qui les a édictés, quant à
l'époque où ils ont apparu. Les lois et règlements antérieurs à 1789 ont, en effet, encore maintenant force de
loi, quant à leurs dispositions non abrogées ; les diverses
dispositions abrogées demeurent néanmoins applicables,
fort rarement il est vrai, si la question en litige remonte
à une époque où elles étaient encore en vigueur. Nous
sommes donc conduits à rechercher les divers actes qui
ont eu, ou ont encore force de loi. Pour cela, distinguons
les actes antérieurs et les actes postérieurs à 1789.

I. ACTES ANTÉRIEURS A 1789. — Ils comprennent les ordonnances, coutumes, lois romaines, arrêts du Conseil,
arrêts de règlement, enfin l'ancienne jurisprudence.

Ordonnances. — Il faut faire rentrer sous cette dénomination tous les règlements rendus par les anciens rois :

ordonnances proprement dites, édits, chartes, déclarations du roi, lettres patentes. Nous n'avons pas à définir
chacun de ces termes.

Ces ordonnances n'ont de force obligatoire aujourd'hui
— en laissant de côté l'hypothèse d'une contestation née
sous leur empire — qu'autant qu'elles n'ont pas été abrogées par des lois nouvelles, ce qui a lieu pour les matières
formant l'objet du Code civil en vertu de la loi du 30 ventose
an XII, art. 7; quant aux textes n'ayant pas pour objet le
droit civil réglé par le Code, il faut qu'ils soient conciliables avec les lois spéciales actuellement en vigueur.
C'est ainsi, pour en citer un exemple déjà rencontré, que
le règlement de 1738, qui détermine encore aujourd'hui,
pour la plus grande partie, la procédure à suivre devant
la Cour de cassation, a été abrogé quant aux matières
criminelles, par le Code d'instruction criminelle.

Les ordonnances ne se sont conservées sous le régime
nouveau qu'avec les effets et sous les conditions que com-
portait l'ancien. Il faut, par suite, conformément à la
règle suivie dans l'ancien droit, décider que les ordonnances ne sont obligatoires pour les tribunaux actuels,
qu'autant qu'elles ont été enregistrées par le parlement
de la région, à moins que le refus du parlement n'ait en-
couru l'improbation du roi, se traduisant notamment par
la cassation des arrêts contraires à l'ordonnance (1), auquel cas il devrait encore en être de même aujourd'hui.

Coutumes. — Gilbert de Voisins disait dans le mémoire

(1) Dalloz. J. G., Lois n° 27.

déjà cité : « Toutes les lois du royaume ne sont pas renfermées dans les ordonnances. En France, où nous vivons,
la coutume enracinée est tellement la souveraine loi, que
nos lois, même les plus essentielles et les plus sacrées,
tiennent souvent leur force d'elle, et se maintiennent par
la tradition. La contravention aux lois de ce genre, qui
appartiennent à la majesté du prince plus que ses ordonnances mêmes, et qui forment une partie principale du
droit public de son État, ne sera-t-elle pas aussi une ouverture à cassation ? C'est de quoi l'on ne disconviendra
pas sans doute (1). »

Mais une distinction importante doit être faite parmi
les coutumes, et ce que Gilbert de Voisins dit de leur violation ne doit pas s'appliquer à toutes. Ce n'est vrai que
pour les coutumes, qui ayant été approuvées par le souverain, et enregistrées par les parlements, se trouvaient
revêtues des formes solennelles de la loi. Elles étaient
alors obligatoires comme la loi même. Quant aux coutumes écrites mais non promulguées, la contravention à
leurs dispositions ne pourrait entraîner cassation (2).

Droit romain. — Les lois romaines, dans les pays de
droit écrit, tenaient la place des coutumes ; elles étaient
donc rigoureusement obligatoires dans ces pays. Aussi, au
témoignage de d'Aguesseau, dans l'ancien droit le Conseil
prononça, à plusieurs reprises, la cassation d'arrêts contrevenant à des lois romaines. La Cour de cassation a

(1) Gilb. de Voisins, rapp. dans Dalloz. J. G., Cass. n° 1395.
(2) C'est l'opinion de Domat (Livr. prél., t. I, sect. I), de Denizart
(Nouv. Deniz. V. Coutumes).

reconnu le même principe à l'égard des affaires qui se trouvent encore régies par ces lois.

Dans les pays de coutumes, au contraire, le droit romain n'avait que l'autorité de la raison écrite ; les juges demeuraient donc libres de s'y conformer ou de s'y soustraire.

Enfin, le droit romain, même dans les contrées qu'il gouvernait, n'était obligatoire, qu'autant qu'il ne se heurtait pas à une ordonnance formelle ou à un usage local, qui l'abrogeait sur un point donné.

Anciens règlements. — Ils se divisaient en : arrêts rendus par le Conseil sur le commandement ou propre mouvement du roi, et arrêts de règlement émanant des anciennes Cours ou Conseils souverains.

Les premiers, qui provenaient du pouvoir législatif, résidant en la personne du roi, étaient le plus souvent confirmatifs ou explicatifs d'une loi précédente. Ils étaient ordinairement délivrés en forme de lettres patentes, enregistrées par les parlements, et avaient la même autorité que les lois.

Les arrêts de règlement, que les anciennes Cours souveraines faisaient pour l'étendue de leur ressort, n'avaient la force obligatoire de la loi, que moyennant le bon plaisir du roi ; quelquefois, cependant, ces règlements recevaient approbation expresse de la part du prince et alors ils devenaient inviolables [1].

_____

[1] Sur tous ces points, Dalloz. J. G., Lois n°s 41-46.

Usages et jurisprudence. — La contravention aux usages et à la jurisprudence, lorsque cette dernière était constante et bien établie, était autrefois une cause de cassation, avec cette observation, dit Gilbert de Voisins : « que ce qui consiste dans l'usage ou dans la tradition, n'est pas toujours susceptible d'une précision aussi exacte que ce qui est enseigné dans la disposition textuelle d'une ordonnance : d'où il faut conclure que, pour l'application de ce principe de cassation, souvent si important, il faut que le principe de droit soit assuré et la contravention expresse » (1).

Encore aujourd'hui, pour le cas qui s'y trouvent soumis, l'usage et la jurisprudence doivent être respectés (2). Mais il a été décidé que les Cours d'appel, substituées aux anciens parlements, apprécient souverainement la jurisprudence suivie dans le ressort du parlement qu'elles remplacent (3).

Nous avons ainsi épuisé les différents actes ayant force de loi dans l'ancien droit, mais avant d'aborder l'examen des actes législatifs intervenus depuis 1789 jusqu'à nos jours, nous avons une question importante à résoudre. Les ordonnances royales, les coutumes homologuées, les lois romaines, les anciens règlements remplissant les conditions que nous avons déterminées, enfin les usages et la jurisprudence reconnue, régissent encore aujourd'hui les affaires passées sous leur empire, et les

(1) Dans Dalloz. J. G., Cass., n° 1401.
(2) Req. 11 avril 1831. J. G. Cass., n° 1418-1°.
(3) Req. 14 juillet 1832. J. G. Cass., n° 1423.

décisions judiciaires qui contreviendraient à leurs dispositions pourraient être l'objet d'un pourvoi en cassation ; ceci est incontestable. On reconnait également que les dispositions de l'ancienne législation, qui sont incompatibles avec la législation actuelle, sont par ce fait abrogées et demeurent inapplicables en tout ou en partie.

Mais quid des dispositions anciennes qui peuvent se concilier avec les lois nouvelles? Sont-elles encore en vigueur? Est-il permis d'y recourir, notamment pour combler les lacunes de la nouvelle législation?

Il faut répondre par une distinction entre les anciennes lois (senso latu) relatives à des matières traitées dans le Code civil, et toutes celles ayant un autre objet. Cette distinction résulte de la loi du 30 ventose an XII comparée aux autres actes législatifs. L'article 7 de cette loi est ainsi conçu : « A compter du jour où ces lois sont exécutoires, les lois romaines, les ordonnances, les coutumes générales ou locales, les statuts, les règlements, cessent d'avoir force de loi générale ou particulière dans les matières qui sont l'objet desdites lois composant le présent Code. »

Ainsi toutes les lois antérieures à la loi du 30 ventose, ayant le droit civil pour objet, sont abrogées, non pour incompatibilité, mais par cela seul que les matières qu'elles réglementent se trouvent traitées dans le Code, encore qu'elles ne le soient qu'incomplètement. La conséquence, c'est que les coutumes et les lois romaines n'ont plus aujourd'hui force de loi en matière civile, parce que le Code civil embrasse toutes les questions dont elles s'occupaient. Leur violation ou leur fausse application ne peut donc motiver un recours en cassation.

Quant aux autres lois anciennes (ordonnances, règlements), qui, ou régissent des matières en dehors du droit
civil, ou s'occupent de certaines spécialités de ce droit
non réglées par le Code civil, elles demeurent encore en
vigueur dans toutes celles de leurs dispositions qui sont
conciliables avec la législation actuelle. Cela s'explique
par cette particularité, qu'aucun des textes législatifs,
qui sont venus compléter l'œuvre du Code civil, n'a reproduit la formule d'abrogation aussi rigoureusement que
la loi de ventôse an XII l'avait formulée ; ces divers textes
se sont bornés à abroger, dans les lois et règlements
antérieurs, ce qui était en contradiction avec les nouvelles dispositions.

II. Actes postérieurs a 1789. — En ce qui concerne les
divers documents législatifs de cette période, et qui ont
précédé la loi du 30 ventôse an XII, il faudra, pour déterminer dans quelle mesure ils sont encore en vigueur,
appliquer la distinction que nous venons d'établir entre
les lois ayant trait à des matières réglées par le Code et
celles ayant un autre objet.

Parmi les lois survenues depuis la loi de ventôse, quelques-unes ont été abrogées nommément par des lois plus
récentes les visant expressément ; d'autres ne l'ont été
qu'implicitement dans leurs dispositions inconciliables
avec les lois nouvelles ; enfin un très grand nombre ont
encore aujourd'hui force de loi sous des dénominations
qui ont varié avec les régimes politiques qui se sont suc-
cédé dans notre pays.

Examinons ces divers actes, dont la violation pourra provoquer l'intervention de la Cour suprême.

Lois proprement dites. — Depuis 1789, elles émanent des diverses assemblées parlementaires qui ont exercé l'autorité législative. Bon nombre de mesures et de résolutions, ayant le caractère et la nature de lois proprement dites, furent, il est vrai, rendues par ces assemblées, notamment par la Convention, sous le nom de décrets (1). Cette dénomination ne doit pas nous faire illusion; ce sont de véritables lois.

A côté des lois ou décrets, il faut ranger les constitutions, lois générales ayant pour objet de régler la forme politique et gouvernementale du pays, mais dont quelques dispositions, consacrées au droit civil, ont, pour cette raison, conservé toute leur valeur; nous avons eu l'occasion d'y recourir, pour déterminer les diverses causes d'ouverture à cassation.

En dehors de ces actes, émanant de l'autorité législative, on en rencontre d'autres qui, n'ayant pas la même origine, ne méritent pas le nom de lois. Ils en ont cependant l'autorité, soit directement, soit indirectement, et par suite leur violation peut donner lieu à cassation.

Les actes ayant directement force de loi, proviennent

---

(1) La Convention, par abus de pouvoir, alla jusqu'à casser des décisions judiciaires par des décrets. Mais ces décrets, bien différents de ceux dont il est question au texte, ne peuvent évidemment être considérés comme lois; ce sont des jugements de cassation. V. arrêt Trib. de cass., 13 therm. an V, dans Dalloz. J. G. Cass., n° 1381.

du pouvoir exécutif exerçant plus ou moins irrégulièrement les fonctions législatives. Tels sont : les décrets du
premier Empire ; les actes du Gouvernement provisoire
de 1848 ; les décrets rendus pendant la période dictato-
riale de 1852 (1) ; les décrets du Gouvernement du 4 septembre, non annulés par l'Assemblée nationale (2). On
reconnaît aujourd'hui que ces différents actes doivent
être respectés comme des lois véritables, mais cela n'a
pas été admis sans difficulté. Les résistances ont été fort
vives, surtout à l'égard des décrets du premier Empire,
qui pouvaient être regardés comme des empiètements du
pouvoir exécutif sur le terrain législatif. Certains auteurs
soutinrent que ces décrets ne devaient pas avoir force
obligatoire (3). Leur avis ne prévalut pas en jurisprudence ; la Cour de cassation a fait à plusieurs reprises
respecter des décrets impériaux par la considération
qu'ils n'avaient pas été annulés par le Sénat, seule autorité compétente sous l'Empire pour les déclarer inconsti-
tutionnels (4).

Il y a enfin une autre catégorie d'actes, émanant comme
les précédents du pouvoir exécutif, mais qui n'ont force
de loi qu'indirectement. Ces actes, qui prennent le nom
d'ordonnances sous la Royauté, de décrets sous l'Empire
et la République, ont force obligatoire lorsqu'ils ont pour

(1) Les décrets rendus pendant cette période sont ordinairement
désignés sous le nom de Décrets-Lois, l'art. 58 de la Const. de
1852 les ayant déclarés obligatoires comme lois.
(2) C. cass., 8 juin juin 1871 (D. P. 71, 1, 79).
(3) Not. M. Demante. Rev. étr. et fr., 1840, VII, p. 417.
(4) Aubry et Rau, t. I, p. 8. Cass., 3 mai 1834 (Sir., 34, 1, 576).
Cour de Paris, 10 janv. 1863 (Sir., 63, 2, 17).

objet de pourvoir à la mise à exécution des lois, ou lorsqu'ils réglementent une matière pour laquelle la puissance législative a été expressément conférée par une loi au chef du pouvoir exécutif (1). Ce pouvoir réglementaire, qui appartient sous certaines conditions au chef de l'Etat, peut être exercé au moyen d'une délégation spéciale restreinte à certaines matières, soit par les ministres, soit par les préfets et les maires (2).

Traités internationaux. — Lorsqu'ils ont été légalement conclus, ils doivent être assimilés aux autres lois de l'Etat. Au regard des citoyens, ils ne deviennent obligatoires que sous les mêmes conditions qu'une loi ordinaire, c'est-à-dire après promulgation et publication. Les tribunaux pourront interpréter les traités diplomatiques, exactement comme les lois ordinaires, toutes les fois que les contestations motivant cette interprétation auront pour objet des intérêts privés. (Cass. 24 juin 1839. Dalloz, J. G. Tr. int., n° 156.)

Lois étrangères. — Des traités internationaux interviennent parfois pour donner force de loi en France à des lois émanées de souverains étrangers ; la violation de ces dernières pourrait alors incontestablement motiver un pourvoi en cassation.

(1) En matière de douanes notamment. Loi du 25 nov. 1814, art. 6 ; L. 17 déc. 1814, art. 34 ; Ch. réun., 24 mars 1847 (D. P., 47, 1, 145).
(2) Rentrent dans cette catégorie les arrêtés ministériels concernant les chemins de fer, les arrêtés préfectoraux concernant les journaux où doivent être insérés les annonces judiciaires. Civ. Cass., 7 déc. 1859 (D. P., 60, 1, 30).

A part cette hypothèse où il s'agit d'une contravention, moins à la loi française qu'à la loi étrangère elle-
même, il faut dire qu'en principe une violation de la loi
étrangère ne peut motiver un recours en cassation (Req.
12 nov. 1872. D. P. 74, 1, 168). La raison en est simple,
c'est que la Cour de cassation, instituée pour assurer
l'unité de jurisprudence et l'observation uniforme de
la loi française, n'a pas à se préoccuper des lois étrangères, dont la violation n'intéresse que les parties en
cause.

Cette considération a conduit la Cour de cassation à
faire exception au principe précédent lorsque la violation d'une loi étrangère sera la cause d'une contravention à la loi française. Avant d'examiner l'exception en
elle-même, passons en revue quelques-unes des applications que la Cour régulatrice en a faites.

Première application. — Le comte de Sancy, après
avoir obtenu du Bey de Tunis un *amra* ou décret, en date
du 26 août 1866, lui accordant une concession territo-
riale, transmit son droit à Mme Bonaparte Wyse, et forma
ensuite avec cette dernière une société pour l'exploitation
de la concession. Par suite de circonstances, dans lesquelles nous n'avons pas à entrer, Mme Wyse fut amenée à
demander la nullité de la société qu'elle avait formée avec
M. de Sancy, se fondant sur ce que le droit conféré par
l'*amra* était personnel et ne pouvait par suite être mis
en société.

La Cour d'Aix, saisie de l'affaire, décida par interprétation de l'*amra* que rien ne s'opposait à ce que M. de
Sancy transmît son droit de concession à une société ; et

en conséquence la Cour déclara valable la société intervenue entre Mme Wyse et M. de Sancy. Pourvoi fut interjeté. La Cour suprême s'est reconnue compétente et à
cassé l'arrêt de la Cour d'Aix par ce motif : que la loi
étrangère (amra) avait été mal interprétée, le droit de
concession étant personnel à M. de Sancy ; que cette violation d'une loi étrangère était la source d'une contravention aux dispositions de la loi française en matière de
société, les juges du fond ayant déclaré valable une société sans objet licite. Voici l'arrêt :

« La Cour..., vu les art. 1128, 1598 et 1883, C. civ.
Attendu que si les arrêts des Cours d'appel ne peuvent
être cassés pour violation ou fausse application des lois
étrangères, ou d'actes faits par un souverain étranger en
vertu de la puissance publique, cette règle n'est applicable qu'autant que cette violation ou fausse application
ne devient pas la source d'une contravention expresse
à la loi française. Attendu que dans l'espèce l'arrêt attaqué a, contrairement au texte du décret de concession et
aux déclarations conformes du gouvernement tunisien,
admis que la concession entière a pu faire l'objet licite
d'un contrat de société et que de Sancy a pu l'y apporter
pour sa part; qu'il a par suite déclaré valables les actes
de société et de cession litigieux, que par cette solution, il a directement violé les articles du Code civil
ci-dessus visés. Casse... » (Civ., 18 juillet 1876. D. P.,
76, 1, 498).

Même en admettant l'exception imaginée par la Cour
de cassation et rappelée au début de l'arrêt précité, l'application qui en est faite à l'espèce nous paraît très con-

testable. En effet, la Cour suprême redresse comme inexacte l'interprétation donnée par la Cour d'Aix à l'*amra*, en se fondant sur ce que cette contravention à une loi étrangère est la source d'une violation à la loi française. Ce raisonnement n'est-il pas défectueux ?

Prenons comme point de départ l'interprétation de la Cour d'Aix que l'on prétend contraire à la loi étrangère, et demandons-nous en quoi la loi française sur les sociétés se trouve violée ? Cette violation n'existe sur aucun point ; à la question de savoir si la Cour de cassation peut intervenir, il faut donc répondre négativement. Bien plus, la contravention à la loi française se produit lorsque la Cour de cassation veut faire disparaître la prétendue violation de la loi étrangère. Ainsi, la violation de la loi française est la conséquence, non de la violation de la loi étrangère, mais de l'exacte observation de cette loi N'est-ce pas la preuve que l'espèce dont nous venons de nous occuper ne doit pas rentrer dans l'exception apportée par la Cour régulatrice à la règle que la violation d'une loi étrangère ne donne pas lieu à cassation ?

Deuxième application. — Le Code civil déclare dans plusieurs articles (notamment art. 47, 170 et 999) que les actes authentiques passés en pays étrangers sont valables en France, s'ils ont été rédigés d'après les formes usitées dans ces pays ; c'est la règle locus regit actum. Les tribunaux français qui feraient produire des effets à un acte passé à l'étranger et qui ne satisfait pas aux exigences de la loi étrangère, commettraient, semble-t-il, une infraction à la loi française qui prescrit l'observation de la loi étrangère en pareil cas. C'est, en effet, ce que la Cour de cassation a décidé dans plusieurs circonstances : à propos d'un acte de mariage (Req. 15 avril 1861. D. P., 61. 1, 421), et plus récemment à l'occasion d'un testament rédigé en Belgique. La Cour n'a pas relevé de violation de la loi étrangère, mais voici comment elle s'est exprimée sur la fin de non-recevoir qui avait été soulevée devant elle : « Attendu que si en validant le testament litigieux, l'arrêt attaqué avait violé la loi belge, cette infraction à une loi étrangère pourrait donner ouverture à cassation, puisqu'elle aurait pour conséquence la violation de l'art. 999 Code civil français, aux termes duquel les testaments authentiques faits par des Français en pays étrangers doivent être passés avec les formalités prescrites dans le pays où l'acte a été rédigé. Rejette la fin de non-recevoir. » (Req. 12 févr. 1879. D. P., 79, 1, 86.)

Il semble, dans le même ordre d'idées, qu'il y aurait lieu pour la Cour de cassation d'intervenir, si les tribunaux français, appliquant à un étranger la loi de son statut personnel, avaient méconnu les dispositions de cette loi. Il est vrai que le Code civil ne dit nulle part expressément que l'étranger doive être régi par sa loi nationale, quant à son état et à sa capacité, mais ce principe, conforme à l'esprit du Code, résulte par argument de réciprocité des dispositions de notre loi quant à la situation des Français à l'étranger (art. 3). Nous sommes donc en droit de dire que le renvoi à la loi étrangère, énoncé dans le Code expressément à propos de la forme des actes, existe implicitement, mais avec tout autant de force en ce qui concerne l'état et la capacité des étrangers en France. Il faudrait en conclure que la violation de la loi étrangère, aussi bien dans le second cas que dans le premier, est la source d'une contravention à la loi française.

La Cour de cassation, cependant, n'a pas admis cette solution ; elle a rejeté notamment un pourvoi formé contre un arrêt de la Cour de Paris du 15 mars 1831, lequel décidait que la capacité des étrangers, qui ont contracté en France et au profit de Français des engagements conventionnels, doit, lorsqu'ils attaquent leurs engagements devant les tribunaux français, être uniquement appréciée d'après la loi française. L'arrêt de rejet du 15 juillet 1833 (Sir., 33, 1, 663) s'appuie principalement sur cette considération : que l'arrêt attaqué n'avait pu violer l'alinéa 3 de l'article 3 du Code civil, puisque cet alinéa ne contient aucune disposition en faveur des étrangers qui résident en France. — Remarquons que cet arrêt ne se prononce que sur la question de savoir si les juges n'ont pas violé la loi française en ne se référant pas à la loi étrangère ; mais il est facile d'en conclure par argument a fortiori, que le fait pour un tribunal français, en appliquant à un étranger sa loi nationale, de se méprendre sur les dispositions de cette loi, ne serait pas regardé par la Cour de cassation comme la violation d'une loi étrangère entraînant violation d'une loi française.

Nous venons de voir que la Cour suprême avait adopté une doctrine toute différente en ce qui concerne les actes passés à l'étranger. Ceci nous conduit à examiner en lui-même le principe que la Cour de cassation présente comme le fondement de sa doctrine et qu'elle énonce ainsi : la violation d'une loi étrangère, lorsqu'elle est la source d'une contravention à la loi française, peut donner lieu à cassation.

Ce principe n'a de valeur qu'autant qu'on peut le rattacher au motif qui a présidé à l'institution de la Cour de cassation, motif déjà souvent rappelé et qui peut s'énoncer ainsi : la Cour régulatrice doit réprimer toute infraction à la loi française. La conséquence, c'est que là où la contravention à la loi nationale cesse, la Cour de cassation perd son autorité.

Faisons donc application de cette idée à la loi qui s'occupe de la forme des actes passés à l'étranger. La loi française prescrit de se référer à cet égard à la loi étrangère ; du moment que les tribunaux du fond se sont reportés à cette législation, on peut dire que le vœu de notre loi est pleinement réalisé ; aller au delà et rechercher si les dispositions de la loi étrangère ont été bien ou mal appréciées et appliquées nous semble donc en dehors des attributions de la Cour de cassation, puisqu'un pareil examen n'intéresse en aucune façon notre législation nationale.

Il n'en est plus de même lorsque le législateur français, ne se contentant pas de renvoyer à une législation étrangère, a pris soin de s'en approprier les dispositions sur telle ou telle matière, par une déclaration expresse ; la loi étrangère devient alors loi française et on comprend l'intervention de la Cour de cassation pour violation de cette loi étrangère, parce qu'il s'agit en réalité d'une disposition de loi française.

C'est ce qui se produit pour le droit musulman, applicable aux indigènes des colonies françaises de l'Inde et de l'Algérie. La pratique constante de la Cour suprême est d'examiner les moyens fondés sur une prétendue violation de la loi musulmane. Req. 8 déc. 1868 (D. P. 69, 1, 417); Civ. rej., 5 avril 1876 (D. P. 77, 1, 247); Req. 26 déc. 1881 (D. P. 82, 1, 149); voir également Req. 25 mars 1873 (D. P. 73, 1, 251).

Nous adoptons entièrement sur ce point la doctrine de la Cour, mais en faisant remarquer l'énorme différence qui sépare cette hypothèse des précédentes, où nous étions en présence d'une contravention à une loi étrangère proprement dite, laquelle, suivant nous, ne peut jamais donner ouverture à cassation.

Tarifs des Compagnies de Chemins de fer. — Les tarifs des Compagnies françaises ont force de loi lorsqu'ils ont été dûment homologués par l'autorité compétente. Dans ces conditions, leur interprétation, notamment, peut donc être soumise au contrôle de la Cour de cassation qui décidera, par exemple : « que les dispositions des tarifs doivent être appliquées à la lettre, sans qu'il soit permis de les étendre ou de les restreindre sous prétexte d'équité ». (Civ. cass., 2 mai 1882. Sir., 83, 1, 324.)

Nous n'avons pas à examiner ici les diverses formalités de l'homologation; disons seulement, pour mieux marquer le rôle de la Cour suprême en cette matière, qu'elle a pu décider qu'une homologation générale, visant un recueil de tarifs, suffisait à rendre obligatoire chacun des tarifs qui y étaient insérés (Civ. cass., 23 déc. 1874. Sir., 75, 1, 231).

La Cour a reconnu en sens inverse qu'une simple lettre

ministérielle donnant un avis sur l'application à un cas
déterminé d'une disposition de tarifs précédemment ap-
prouvés ne saurait constituer une homologation de tarifs.

Qu'il s'agisse maintenant d'un tarif d'une Compagnie
étrangère, la Cour régulatrice applique sa maxime et prétend que la contravention qui serait faite à ce tarif peut
donner ouverture à cassation lorsqu'elle est la cause
d'une contravention à la loi française. (Req. 18 fév. 1874.
D. P. 74, 1, 255.)

Nous n'avons pas à revenir sur les critiques développées précédemment contre cette doctrine ; elles trouvent
également ici leur place.

Au contraire, nous nous rallions entièrement à l'opinion de la Cour suprême à l'égard d'un tarif internatio-
nal. Un tarif de ce genre, dressé à la suite d'un accord
entre une Compagnie française et une Compagnie étrangère, acquiert, lorsqu'il a été publié et approuvé par le
ministre compétent, la valeur et l'autorité d'un tarif français. (Civ. cass., 23 août 1882. Bull. de la Cour de cass..
1882, p. 345).

Il se produit, à l'égard de ce tarif, une transformation
analogue à celle que nous avons relevée lorsque nous
nous sommes occupés des actes législatifs étrangers,
ayant reçu la consécration de l'autorité législative française par l'effet d'une convention diplomatique régulièrement approuvée.

Usage. — Une première hypothèse qui ne soulève aucune difficulté, c'est lorsque l'usage a été reconnu et
consacré formellement par une loi, tels sont les usages

commerciaux visés par la loi du 13 juin 1866. Aucune différence entre la violation de ces usages et la contravention à la loi; la sanction sera la même.

Il est non moins certain que si un usage, non consacré par le législateur, se trouvait en contradiction avec une loi, il ne pourrait être question d'un recours en cassation pour violation de cet usage; ce dernier ne pouvant jamais, si ancien qu'il soit, prévaloir contre l'autorité d'une loi formelle.

Mais supposons qu'il s'agisse d'un usage, auquel la loi ne s'est pas expressément référé, mais qui n'est pas non plus contredit par elle. Est il obligatoire pour les tribunaux et partant sa violation peut-elle donner ouverture à cassation? Voilà la question. Précisons-la davantage. Il est hors de doute que les tribunaux du fond sont souverains pour constater l'existence et le sens d'un usage, c'est un fait à vérifier; mais l'usage ainsi constaté, les motifs pour lesquels les juges ont refusé d'en tenir compte, peuvent-ils être censurés par la Cour suprême? M. Boistel (1) ne le pense pas. Le savant professeur, argumentant du but pour lequel la Cour de cassation a été instituée, fait observer que le législateur, en créant ce contrôle suprème, n'a eu en vue que le maintien de la loi écrite, on ne peut donc y assimiler les usages non consacrés expressément; ne voit-on pas enfin que faire intervenir la Cour régulatrice pour les protéger serait rendre invariables et uniformes des usages qui par leur nature répugnent à cette fixité?

MM. Lyon-Caen et L. Renault (2) exposent un système

(1) Boistel. Droit commercial, no 22.
(2) Lyon-Caen et Renault. Droit commercial, no 52.

tout différent. L'usage régulier, disent-ils en substance, a
la force de la convention écrite — cela résulte des articles 1135, 1159, 1160, lesquels déclarent qu'il faut suppléer dans les conventions tout ce qui est d'usage — on
doit donc regarder l'usage comme la convention tacite des
parties. Or nous avons reconnu que la Cour de cassation
avait le droit d'annuler comme contraires aux articles 1134, 1135 Code civil, les décisions qui ne donnent
pas effet aux conventions expresses ou tacites des parties;
la Cour doit, pour les mêmes motifs, avoir le pouvoir de
faire respecter les usages dûment constatés, auxquels les
parties par leur silence sont présumées s'être référées.
S'ensuit-il que, comme le pense M. Boistel, l'intervention
de la Cour de cassation ait pour effet de rendre les usages
invariables? La conséquence ne nous semble pas nécessaire, et MM. Lyon-Caen et Renault font très justement
observer « que les conventions ne sont pas forcément
taillées sur le même modèle parce que toutes les décisions judiciaires méconnaissant des conventions régu-
lières sont frappées de cassation. » L'argument tiré du but
de l'institution de la Cour suprême ne porte donc pas,
croyons-nous. Ce qui motive, en effet, l'intervention de
cette Cour, ce n'est pas directement la violation de tel ou
tel usage particulier, c'est la violation de la loi qui attache à la convention et à l'usage, envisagé comme convention tacite, une certaine autorité. C'est en réalité
une loi générale, qui effectivement ne change pas, que
l'arrêt de cassation fait respecter. Nous dirons donc avec
MM. Lyon-Caen et Renault, que les motifs pour lesquels
les juges n'ont pas tenu compte d'un usage constaté

peuvent être déférés à la censure de la Cour suprême ;
nous ne ferons d'exception que pour un seul motif. Cette
réserve, les auteurs précités ne les mentionnent pas, mais
elle est commandée par le principe qui sert de base à leur
raisonnement. C'est en vertu d'une assimilation entre l'u-
sage et la convention écrite que nous avons, après eux,
donné à la Cour de cassation le droit de faire respecter
l'un aussi bien que l'autre ; mais nous avons précédemment établi, et la Cour a reconnu, qu'il appartenait aux
juges du fond de déterminer souverainement et d'après
l'intention des contractants les conventions qu'ils avaient
au juste en vue ; l'usage n'étant qu'une convention tacite,
nous devons décider également que les juges pourront
en écarter l'application comme contraire à la volonté
véritable des parties, sans que leur décision puisse être
en pareil cas attaquée devant la Cour suprême.

En résumé, les tribunaux du fond constatent les usages
et apprécient souverainement si l'intention des parties a
été de se soustraire à leur application, mais en dehors de
cette hypothèse ils ne peuvent se refuser à tenir compte
des usages, sans encourir la censure de la Cour de cassation.

Jurisprudence. — La jurisprudence ne peut plus aujourd'hui, quelque constante qu'elle soit, être considérée
comme ayant l'autorité d'une loi. Il est vrai que lorsqu'une
affaire a été portée à deux reprises devant la Cour de
cassation, le tribunal de renvoi, qui prononce en troisième lieu, doit se ranger à la doctrine du second arrêt de
cassation, lequel a été rendu toutes chambres réunies ;

mais ceci n'est point une exception à la règle qui vient d'être énoncée, puisque l'arrêt de la Cour de cassation n'est obligatoire pour les juges du fond que dans l'espèce qui l'a motivé.

Deuxième condition.

Existence d'une contravention expresse à la loi.

Pour qu'un jugement rendu en dernier ressort soit annulé par la Cour régulatrice comme contraire à la loi, il faut, en premier lieu, qu'une loi existe, et nous savons maintenant tout ce que renferme cette expression ; il faut, de plus, que le jugement attaqué contienne quelques dispositions qui sont en contradiction avec cette loi. Ce sont les caractères de cette contravention que nous avons maintenant à déterminer.

Voyons d'abord dans quelle partie du jugement doit se rencontrer cette contravention ? C'est dans le dispositif ; il constitue seul le jugement ; c'est de lui que découlent tous les effets. Les motifs du jugement n'en sont que la justification, et à la condition de ne point vicier le fond du dispositif, les irrégularités plus ou moins graves qui y seraient contenues ne pourraient motiver la cassation de l'arrêt (1). Ce principe est fertile en conséquences et a donné lieu à de nombreuses applications pratiques. Indiquons-en quelques-unes :

Les énonciations d'actes étrangers aux parties et rela-

---

(1) Boitard et Colmet-Daage. Leçons de procéd, civ., t. II, p. 136.

tés dans les motifs ne peuvent donner ouverture à cassation (Req. 20 juin 1842. J. G., Jug. 958-90); il en serait de même pour les énonciations de lois étrangères à la question en litige. (Req. 14 avril 1807. J. G. Cass., 1429-2".)

N'encourt pas la censure de la Cour suprême, l'insertion dans les motifs d'un considérant, violant manifestement la loi, si le dispositif se trouve justifié par d'autres considérants. C'est ce qui a été jugé à l'égard d'un jugement qui rejetait des conclusions subsidiaires prises pour la première fois en appel, en se fondant à tort sur ce qu'elles constituaient une demande nouvelle; le rejet était suffisamment justifié par d'autres motifs (Req. 23 avril 1872. D. P. 74, 1, 155). Il a même été décidé à plusieurs reprises que la Cour de cassation pouvait suppléer par des motifs de droit aux motifs erronés présentés par les juges du fond et maintenir le jugement rendu. (Civ. req. 1er juillet 1874. D. P. 71, 1, 483.)

Enfin la contradiction entre les motifs d'un arrêt et son dispositif ne serait pas une cause de cassation, à moins toutefois que la régularité du dispositif n'ait été affectée (1). (Civ. c. 5 janvier 1876. D. P. 76, 1, 10-11.)

De quelle nature doit être la contravention à la loi? Le décret du 27 novembre 1790 exigeait « une contravention expresse au texte de la loi. » Les lois postérieures, tout en ne parlant plus que d'une contravention à la loi (le mot texte a été supprimé), exigent toujours qu'elle soit ex-

_____

(1) Exceptionnellement les motifs d'une décision judiciaire peuvent être annulés lorsqu'ils contiennent un excès de pouvoir, le dispositif du jugement étant maintenu. (Req. 2 avril 1851. D. P., 51, 2, 74.)

presse. Laissant de côté pour l'instant la légère modification introduite dans la rédaction, — nous y reviendrons
dans un instant — déterminons ce qu'il faut entendre par
contravention expresse à la loi.

Nous avons vu que dans l'ancien droit la jurisprudence
du Conseil des parties était sur ce point très rigoureuse ;
la condition n'était réalisée que lorsque la disposition du
jugement et celle de la loi étaient diamétralement opposées au point de se détruire mutuellement : on voulait en
d'autres termes — ce sont ceux de Tolozan — « que les
juges eussent montré un mépris évident de l'ordonnance » ;
aussi ne sommes nous pas surpris de l'aveu de cet auteur,
lequel en rapportant cette jurisprudence déclare que les
cas de cassation pour contravention à la loi étaient
fort rares.

Parmi les interprètes modernes, M. Henrion de Pansey
a soutenu avec chaleur cette même doctrine en se plai-
gnant de la voir succomber en jurisprudence.

C'est en effet la doctrine contraire qui a toujours pré-
valu devant la Cour de cassation, et tout le monde est aujourd'hui d'accord pour la trouver préférable et surtout
plus conforme à l'idée moderne de la cassation. Dans
l'ancien droit l'unité n'existait pas dans la législation, puisque les textes applicables à toute la France étaient fort peu
nombreux ; on comprend aisément qu'il fût à peu près in-
différent d'en maintenir l'application uniforme. Aussi le
Conseil des parties n'intervenait-il que lorsque les Cours
souveraines par des contraventions flagrantes portaient

(1) Henrion de Pansey. De l'aut. judic., II, p. 229.

manifestement atteinte à l'autorité royale. Nous avons déjà constaté la transformation qu'à éprouvée sous ce rapport la notion de la cassation en passant dans notre droit actuel. La Cour suprême aurait sans doute à réprimer les infractions flagrantes que les tribunaux commettraient envers la loi — ces cas sont aujourd'hui extrêmement rares —; mais la Cour doit surtout, et c'est là son but principal, chercher à maintenir par toute la France, l'unité de jurisprudence. Le moment est venu de tirer les conséquences de cette idée toute moderne. Elargissant la notion ancienne de la contravention, nous dirons que la contravention à la loi est expresse et doit donner ouverture à cassation, toutes les fois qu'elle est certaine et prouvée (1).

Ce n'est pas tout; la fausse interprétation, c'est-à-dire la violation de l'esprit de la loi et non pas seulement l'opposition diamétrale à son texte suffit à entraîner cassation ; enfin la fausse application de la loi doit-elle aussi, dans certains cas être une cause de cassation. Reprenons ces deux hypothèses.

Fausse interprétation. — L'unité de jurisprudence ne peut se réaliser, lorsque la loi est susceptible de plusieurs sens, qu'en en maintenant l'interprétation uniforme. Cette raison suffirait à justifier l'intervention de la Cour suprême en pareille matière. Ce rôle de la Cour se trouve confirmé, croyons-nous, par la modification apportée au

(1) Carré. Procéd. civ., t. II, p. 154. Delangle, C. de Cass., nᵒˢ 321 et 322.

droit de 1790 par les lois postérieures, lesquelles, supprimant le mot texte, ont voulu marquer par là qu'une contravention à l'esprit de la loi devait provoquer la cassation de l'arrêt. C'est dans ce changement de rédaction qu'il faut chercher le fondement légal d'une innovation, que M. Henrion de Pansey, trop attaché au système restrictif de l'ancien droit, déplore comme malheureuse (1).

Fausse application. — Le cas est formellement prévu et réglé en matière criminelle. L'art. 410 déclare en effet que l'application d'une peine, autre que celle édictée par la loi à raison de la nature du crime commis, doit entraîner la nullité de l'arrêt.

Nous ne trouvons pas de disposition analogue écrite en matière civile, mais nous devons l'y sous-entendre ; dans nombre de cas en effet la fausse application de la loi n'est en réalité que la violation, soit de la loi faussement appliquée, soit d'une autre loi dont le juge n'a pas tenu compte ; or, nous allons le voir, ces hypothèses sont les seules qui puissent donner ouverture à cassation pour fausse application de la loi.

En laissant de côté le cas précédemment examiné, où la fausse application d'une loi n'existe que dans les motifs, lesquels, on le sait, ne sont une cause de cassation qu'autant qu'ils vicient le dispositif, il peut se faire que la fausse application de la loi, bien que contenue dans le dispositif lui-même, n'entraîne pas la cassation du jugement. Il en est ainsi lorsque la fausse application ne con-

(1) Henrion de Pansey, loc. cit., p 246.
Aubert.   15

stitue qu'un mauvais raisonnement, une disposition inutile et qu'on doit négliger; il ne peut alors être question
de casser l'arrêt qui au fond ne contrevient à aucune
loi (1).

Mais le plus souvent la fausse application impliquera
violation d'une loi. Violation de la loi inexactement appliquée, cela se produit lorsque cette loi est à la fois impé-
rative et prohibitive, c'est-à-dire indique limitativement
les hypothèses qu'elle régit, de sorte que toute extension
donnée par les tribunaux équivaut à une contravention
formelle à cette loi. Les lois qui édictent des peines appartiennent toutes à cette catégorie, puisque par essence
elles sont exceptionnelles et ne peuvent être appliquées
qu'aux cas expressément déterminés par elles. Il arrivera
en second lieu que les juges, visant inexactement une loi,
contreviendront à une autre qui était applicable à l'espèce. Dans cette seconde hypothèse, la plus fréquente en
pratique, le recours en cassation est ouvert et doit triom-
pher.

Pour en finir avec la fausse application, disons qu'elle
ne doit pas être confondue avec la citation inexacte d'un
texte de loi; l'hypothèse est prévue en matière criminelle
et l'art. 411 In. Cr. l'excepte expressément; la même exception se justifie en matière civile, le pourvoi en cassation devant être écarté lorsque au fond la disposition de la loi
a été observée; il faut ajouter que dans certains cas, il
sera bien difficile de distinguer si l'on est en présence
d'une fausse citation ou si elle n'implique pas en même

(1) Merlin. Quest. III, p. 240.

temps fausse application de la loi ; la Cour suprême décidera de la question.

Enfin le pourvoi qui se plaindrait d'une application
exacte, mais trop rigoureuse d'un texte de loi, devrait
être repoussé. Ainsi que le dit un avis du Conseil d'État
des 18-31 janvier 1806 : « Un arrêt de la Cour de cassation
qui détruirait un jugement pour s'être trop littéralement
conformé au texte de la loi, offrirait dans l'ordre judiciaire un scandale dont, il faut l'espérer, nous ne serons
jamais témoins » (1). Seulement, il ne faut pas exagérer le
sens et la portée de cette observation, qui pourrait conduire à une application par trop pharisaïque de la loi. La
Cour de cassation pourra toujours, croyons-nous, sans
occasionner le scandale contre lequel s'élève avec raison
le Conseil d'État, faire prédominer l'esprit sur la lettre du
texte législatif.

Troisième condition.

Il faut que le jugement attaqué contrevienne réellement
à la loi ; en d'autres termes, il faut que les faits particuliers du procès ne viennent pas faire disparaître la contradiction qui existe en apparence entre le jugement et la
loi. Nous avons dit précédemment que cette troisième
condition était exigée dans l'ancien droit, mais qu'elle
avait une signification un peu différente. Il nous faut
maintenant rechercher par suite de quelles circonstances
l'hypothèse qu'elle suppose se produira, et comment la

---

(1) Dans Dalloz. Répert. Cass., nº 1363.

Cour de cassation pourra se rendre compte que la contravention à la loi n'est qu'apparente.

Les explications que nous avons données, en cherchant à établir la distinction entre les pouvoirs de la Cour suprême et ceux des tribunaux du fond, permettent de répondre aisément à ces deux questions.

Nous avons reconnu en faisant cette étude qu'il fallait soigneusement distinguer la qualification des faits, qui consiste à les ranger d'après leur nature, dans telle ou telle catégorie des opérations prévues par la loi, de la détermination des conséquences légales qui doivent en résulter. Or, on conçoit très bien qu'il peut se présenter telle hypothèse où les conséquences légales, qu'un jugement fait produire à certains faits, ne sont pas celles que la loi attachait à la qualification à eux attribuée.

Ainsi, les juges ont donné à un contrat qualifié de vente, les effets d'un commodat; il y a donc contradiction entre la qualification et la détermination des conséquences légales, les prescriptions de la loi au sujet de la vente ont été violées. La contravention ne sera qu'apparente et ne donnera pas lieu à cassation, si nous supposons qu'il s'agissait en réalité d'un prêt à usage faussement qualifié de vente par le jugement.

Voici un autre exemple qui nous est fourni par un arrêt de rejet du 15 avril 1816. La Cour de Metz avait appliqué l'art. 691 du Code civil, concernant les servitudes discontinues à une servitude litigieuse qu'elle qualifiait de continue. En apparence il y avait une contravention à la loi, mais en réalité la servitude avait été inexactement quaifiée : il s'agissait d'un droit de puisage, lequel constituait évidemment une servitude discontinue puisqu'elle a besoin du fait actuel de l'homme pour être exercée. La Cour de cassation rejeta le pourvoi en se fondant sur ce que l'erreur de qualification, qui était dans l'espèce contenue dans les considérants, n'avait pas influé sur le dispositif. La décision aurait été la même si l'erreur s'était produite dans le dispositif lui-même. Voici comment est conçu l'arrêt de rejet :

« Attendu que, si par erreur et contre les termes exprès de l'art. 688 Code civil, qui place le droit de puisage au rang des servitudes discontinues, la Cour royale de Metz a qualifié continue apparente la servitude dont il s'agit dans la cause, cette erreur n'a point influé sur le dispositif de son arrêt, qui a, dans le fait, appliqué avec justesse à la servitude litigieuse la disposition de l'art. 691 du même Code, qui concerne les servitudes discontinues ; d'où il suit que si l'arrêt attaqué n'est pas conforme dans ses expressions à la disposition de la loi, loin de contrevenir à ce qu'elle ordonne, elle en fait une juste application.... Rejette. » (Civ., 15 mai 1816. Sir., 17, 1, 227.)

On comprend par cet exemple comment les faits particuliers à la cause peuvent faire obstacle à la cassation d'un arrêt qui semble contredire la loi ; on voit également comment la Cour suprême, sans sortir de ses attributions, parvient à reconnaître que la violation de la loi n'est qu'apparente. Elle prend pour point de départ de son examen les faits tels qu'ils ont été constatés par les juges du fond, acceptant même l'appréciation que ceux-ci en ont faite dans les cas où ce pouvoir leur appartient en propre ; puis la Cour suprême, sans s'attacher à la qualification présentée, recherche si des faits de la cause le dispositif attaqué a tiré les effets et les conséquences qui légalement devaient en résulter. Si oui, aucune disposition de la loi n'est violée en réalité, le pourvoi doit être rejeté.

En supposant remplies les trois conditions indiquées, c'est-à-dire, un jugement contenant une contravention à la loi et qu'aucun fait ne vient faire disparaître, la Cour de cassation a décidé que le demandeur en cassation doit succomber, lorsque la contravention à la loi est théorique, c'est-à-dire, ne lui cause aucun préjudice réel. L'espèce qui a provoqué cette décision fera comprendre comment ce phénomène peut se produire. La Cour de Paris, saisie d'un appel dirigé contre un jugement du tribunal de la Seine, lequel s'était déclaré incompétent à raison de la nature commerciale de l'affaire — il s'agissait d'une demande en dissolution de la Compagnie immobilière, — infirma sur ce point la décision du tribunal et, évoquant le fond, repoussa la demande en dissolution. Pourvoi fut formé pour violation des art. 631 et 632 Code de com. et 473 Code de procéd., en ce que l'arrêt attaqué avait décidé à tort que l'affaire était de la compétence du tribunal civil. La Cour de cassation rejeta le pourvoi. « Attendu en effet, que la Cour de Paris avait la plénitude de la juridiction, qu'elle pouvait et devait juger la cause en appel si elle était commerciale, aussi bien que si elle était civile ; de telle sorte que quand même la matière eût été déclarée mal à propos civile par les juges d'appel, ces juges n'en étaient pas moins compétents pour statuer sur le fond du procès, et comme Humbert ne relève dans l'arrêt sur le fond aucune irrégularité qui entache cet arrêt, le pourvoi doit être écarté comme dénué d'intérêt, puisqu'il ne signale qu'un prétendu vice théorique, duquel ne découlerait aucun préjudice réel pour le demandeur en cassation, qui, du moins en appel, a été jugé par des magistrats compétents. Déclare le pourvoi non recevable et rejette (1). » (Rej., 17 août 1870. D. P., 71, 1, 284.)

La doctrine de cet arrêt n'est que l'application de la maxime : pas d'intérêt, pas d'action ; c'est, en effet, une règle incontestable que l'intérêt est la mesure des actions, et la règle est aussi vraie à propos du pourvoi en cassation que lorsqu'il s'agit de saisir un tribunal de première instance ou d'appel ; la décision de l'arrêt précité nous semble donc parfaitement exacte.

(1) Cfr. dans le même sens. Civ. Cass., 23 déc. 1868 (D. P., 69, 1, 140). Civ. rej., 3 août 1869 (D. P., 69, 1, 352). Req., 11 mars 1879 (81, 1, 34). Civ. rej., 13 juin 81 (82, 1, 471).

CHAPITRE IV.

L'art. 504 Code de proc. civile, reproduisant sur ce point les dispositions de l'ordonnance de 1607 (titre 35, art. 34) et du règlement de 1738 (1ʳᵉ p., tit. VI), indique en ces termes la quatrième cause d'ouverture à cassation : « La contrariété de jugements rendus en dernier ressort entre les mêmes parties et sur les mêmes moyens donne ouverture à cassation. »

La disposition de l'art. 504 n'est que la conséquence du principe énoncé dans les art. 1350 et 1352 Code civil combinés : l'autorité de la chose jugée est une présomption légale qui n'admet aucune preuve contraire ; il allait de soi que la violation de cette autorité devait être une cause de cassation. Et cependant l'art. 504 a son utilité, parce que toute contrariété de jugements, bien que constituant nécessairement une violation de la chose jugée, n'est pas dans tous les cas réprimée au moyen de la cassation. Il faut faire à cet égard une distinction que nous avons déjà rencontrée dans l'ancien droit, suivant que les jugements contradictoires émanent de tribunaux différents ou ont été rendus tous deux par la même juridiction. Dans cette deuxième hypothèse, la voie de la requête civile était seule ouverte aux termes de l'ordonnance de

1667 (art. 34, t. 35) pour faire disparaître la contradiction, et l'art. 480 du Code de proc. civile, se conformant
à cette tradition, énumère parmi les cas de requête civile
« la contrariété de jugements en dernier ressort rendus
entre les mêmes parties et sur les mêmes moyens, dans
les mêmes cours et tribunaux » (480-6°).

Ces derniers mots si formels de l'art. 480 ont conduit
la majorité des auteurs à décider que c'est encore la requête civile qui doit être employée lorsque les deux jugements contradictoires émanent de deux chambres différentes d'un même tribunal ou d'une même cour; il y a de
plus une raison morale, c'est que tous les magistrats
d'un même siège sont en quelque sorte solidaires au regard des décisions rendues par la juridiction dont ils font
partie. L'opinion contraire était cependant soutenue dans
l'ancien droit par Ferrières et Denizart (1).

Il convient, toutefois, d'apporter à la règle de l'art. 480
un tempérament analogue à celui que nous avons indiqué à propos d'un autre cas de requête civile : la violation des formes prescrites, laquelle devient une cause de
violation lorsque l'inobservation a été volontaire de la
part des juges. On s'accorde de même à reconnaître que,
lorsque l'exception de chose jugée ayant été invoquée
lors du second jugement, le tribunal n'en a pas tenu
compte et a persisté à contredire sa première sentence,
le recours en cassation est ouvert. La force des choses
l'exigeait, comme le seul moyen de faire disparaître la
contradiction. L'emploi de la requête civile serait évi-

(1) Denizart. Contrariété d'arrêts. V. p. 465.

demment inefficace, puisque les juges, ayant statué en
parfaite connaissance de cause, refuseraient à revenir
sur leur décision antérieure (1).

Quant aux décisions rendues par des tribunaux différents et qui se contredisent, elles donnent toujours lieu
à cassation (art. 504); peu importe, d'ailleurs, que la
contrariété d'arrêt existe entre deux jugements de tribunaux de première instance ou entre deux arrêts de Cour
d'appel, ou entre un arrêt et un jugement; seulement, il
faut nécessairement que la contrariété constitue une violation de l'autorité de la chose jugée, ce qui implique la
réunion de toutes les conditions requises par la loi pour
l'existence de cette autorité.

Il faut que les jugements aient été rendus en dernier
ressort; de plus, il faut qu'il y ait entre les deux sentences identité de cause, de moyens et de parties; enfin,
une simple différence entre les jugements ne serait pas
suffisante; le demandeur en cassation n'a de chance de
faire réussir son pourvoi qu'en prouvant qu'il est dans
l'impossibilité absolue d'exécuter les deux décisions.

Cette dernière condition était déjà exigée dans l'ancien droit, et Tolozan (2), qui la rapporte, s'exprime
ainsi : « Un arrêt qui déboute une partie qui demande à
faire preuve d'un fait est véritablement contraire à un
arrêt qui admettrait la même partie à faire preuve du
même fait, parce qu'il y a contradiction entre refuser et

_____

(1) Boitard et Colmet-Daage. Proc. civ., t. II, p. 139. La jurisprudence est en ce sens. Cass., 17 août 1841, J. du Pal., 1842, 1, 18
(2) Tolozan. Règl. du Conseil, p. 827.

admettre une preuve. Mais un arrêt qui permettrait dé
faire preuve d'un fait par titres serait seulement différent
d'un second arrêt qui permettrait de faire entendre des
témoins pour prouver le même fait; il n'y aurait pas contradiction, puisqu'on peut vérifier un fait tant par titres
que par témoins. »

Un arrêt de la Cour suprême fait l'application des conditions que nous venons d'énumérer. Le Tribunal de
commerce de Marseille avait rejeté une demande formée
par un commissionnaire contre Fraissinet père et fils,
entrepreneurs de transports, en remboursement de mar-
chandises avariées. Puis, par un jugement ultérieur, au
cours d'une instance engagée entre l'expéditeur et le
commissionnaire, le Tribunal de commerce de Grasse
accueillit le recours en garantie exercé par le commissionnaire contre le même voiturier. « Attendu, dit la Cour
suprême saisie du pourvoi, qu'il serait impossible d'exécuter à la fois le jugement qui met l'avarie à la charge de
Decamps et Ponset (commissionnaires) et celui qui met
la même avarie à la charge de Fraissinet père et fils;
qu'ainsi il y a contrariété entre les jugements en dernier
ressort rendus entre les mêmes parties, sur même objet et mêmes moyens par les deux Tribunaux de commerce de Marseille et de Grasse; que, par suite, il y a
nécessité d'annuler le jugement rendu par le Tribunal de
Grasse sur un litige qui avait pris fin... » (Civ. cas., 14 mai
1861. D. P. 61, 1. 879.)

C'est le deuxième jugement qui est annulé, parce que
c'est celui qui contrevient à l'autorité de la chose jugée.

La violation de l'autorité de la chose jugée a été ran-

gée par M. Rodière (1) parmi les excès de pouvoirs; la
conséquence, c'est que le recours en cassation sera possible, malgré la loi de 1838, art. 15, quand deux décisions de juges de paix rendues en dernier ressort seront
contradictoires. Voici comment cet auteur justifie sa doctrine : « Aucune autorité judiciaire n'a le droit de juger
contrairement à une décision inattaquable ; si donc un
juge rend une sentence contraire à ce qui a été déjà jugé,
il commet un excès de pouvoirs. »

Le raisonnement de M. Rodière, s'il était exact, prou-
verait trop ; en effet, la chose jugée qui tire son autorité
de la loi ne peut avoir plus d'autorité que la loi elle-même ;
il faudrait donc, pour être logique, aller jusqu'à dire que
toute violation de la loi est un excès de pouvoir. Cette
conséquence est inadmissible, sans quoi la qualification
d'excès de pouvoir n'aurait plus aucun sens ; d'ailleurs
M. Rodière ne va pas jusque-là et condamne ainsi son
système.

THÉORIE DES MOYENS NOUVEAUX

Nous en avons fini avec l'examen des différentes ouvertures à cassation ; un caractère commun à toutes, et que
nous signalions au début de cette étude, c'est qu'elles
reposent sur la violation de la loi.

Reste maintenant une dernière question : comment
pourra-t-on établir devant la Cour suprême cette violation
de la loi ? Ceci nous amène à parler de la théorie des moyens

(1) Rodière. Compét. et procéd. civ., I, p. 118.

nouveaux : théorie importante par ses nombreuses applications pratiques.

Les moyens nouveaux doivent tout d'abord être distingués des demandes nouvelles et des arguments nouveaux. Les demandes nouvelles élargissent le procès soit en amplifiant le but à atteindre, soit en le transformant ; ces demandes ne sont pas reçues en appel, a fortiori seraient-elles rejetées par la Cour de cassation. Les arguments nouveaux, au contraire, sont admis en tout état de cause ; ils ne tendent en effet qu'à justifier avec plus de force les moyens employés. Les moyens nouveaux occupent une situation intermédiaire. Celui qui les invoque ne modifie pas ses prétentions, mais il veut atteindre un résultat identique par une voie différente ; pour cela il se fonde sur un nouveau rapport de droit existant entre lui et l'objet en litige ; il prendra, par exemple, une qualité nouvelle et, après avoir invoqué un droit de légataire, il se présentera comme simple créancier.

Les moyens nouveaux, toujours admis en appel, ne peuvent en principe être proposés pour la première fois devant la Cour de cassation. Pour reconnaître si le moyen présenté a déjà été invoqué, la Cour suprême prend pour base de son examen le dernier état de la cause ; tout moyen qui ne résulte pas du texte de la décision attaquée doit être écarté comme nouveau ; seront donc repoussés non seulement les moyens qui n'ont été discutés ni en première instance ni en appel, mais encore ceux qui, proposés en première instance, n'ont pas été reproduits en appel. De là obligation pour les avoués d'avoir grand soin de faire insérer dans les qualités du jugement ou l'arrêt tous les moyens allégués et notamment ceux présentés dans les plaidoiries. Mais on pourra invoquer devant la Cour de cassation des moyens proposés en première instance et non reproduits expressément dans les conclusions d'appel, s'ils résultent implicitement 'de ces conclusions. La Cour suprême a ainsi décidé que l'intimé qui a conclu à la confirmation de la décision des premiers juges soumet par cela même aux juges d'appel tous les moyens que le dispositif de cette décision avait accueillis implicitement; ces moyens ne peuvent donc être critiqués comme nouveaux devant la Cour de cassation (8 janv. 1879. D. P. 79, 1, 457).

Si le jugement attaqué ne relatait pas certains moyens, la mention qui en aurait été faite dans les écrits signifiés 'serait insuffisante ; ces moyens ont pu être abandonnés dans les plaidoiries, et on ne peut reprocher aux juges d'avoir violé une loi dont on ne les a pas mis à même de faire application.

Un moyen étant indiqué, les juges doivent, même dans le silence des parties, suppléer à tous les arguments de droit qui militent en sa faveur ; aussi ces arguments, bien qu'omis devant les juges du fond, pourront être invoqués à l'appui du pourvoi (Civ. cass., 15 déc. 1875. D. P., 75, 1, 64). Il y a donc entre les arguments de droit et les moyens une distinction qui présente grand intérêt, mais qui en pratique peut parfois être très délicate à établir. Un arrêt nous fournit une espèce curieuse, nous la développons à titre d'exemple : Un enfant naturel avait reçu de son père, par donation entre-vifs, une portion de biens supérieure à la part qu'il aurait pu prendre dans la succession paternelle, d'après l'article 757 du Code civil. Le père en mourant laissait un frère qu'il excluait de sa succession au profit d'un légataire universel. Ce dernier demanda la réduction de la donation faite à l'enfant naturel. Pour repousser cette prétention, l'enfant allégua sa qualité de réservataire, et prétendit que la réduction ne pouvait être réclamée que par les parents légitimes du défunt et non par le légataire universel, qui n'avait pas cette qualité.

Ce moyen fut écarté successivement en première instance et en appel; la donation de l'enfant naturel fut réduite à sa part de réserve, c'est-à-dire au quart de la succession. Pourvoi fut interjeté par la raison que la donation de l'enfant naturel devait être réduite non à la réserve, mais à la portion de droits successifs afférente à la qualité d'enfant naturel. La Cour suprême cassa l'arrêt pour ce motif, décidant que ce n'était pas un moyen nouveau, puisque la qualité de réservataire impliquait celle d'héritier, qu'il s'agissait seulement d'un argument de droit que les juges du fond auraient dû apprécier. (Civ. cass., 7 févr. 1865. D. P., 65, 1, 53) (1).

Les conclusions des parties formant la base de la sentence du tribunal, il est de règle, en ce qui concerne les moyens, que les juges de la cause ne peuvent suppléer d'office aux lacunes qui existent dans les conclusions, et

---

(1) On a considéré de même, comme argument de droit et non comme moyen nouveau, le fait par une partie de soutenir que les eaux d'un ruisseau, auxquelles elle prétend avoir un droit exclusif, sont imprescriptibles comme res nullius. Civ. rej., 11 janv. 81 (D. P., 81, 1, 134).

se fonder sur des moyens qui n'y sont point compris, au moins d'une manière implicite. Cela tient à ce que les parties sont, en principe, absolument libres de renoncer aux droits et moyens leur appartenant, de déroger aux prescriptions légales introduites en leur faveur pour la défense et la protection de leurs intérêts privés. Il en est ainsi même en ce qui concerne les dispositions de lois qui, bien que fondées sur un motif d'utilité générale, n'ont cependant pour objet que la protection d'intérêts privés (1).

Voilà pourquoi, dans le silence des parties, les juges du fond ne doivent pas suppléer à un moyen tiré de la prescription (2), de la chose jugée, de l'imputation de paiement, de la subrogation, de la compensation, de la novation ; la conséquence, c'est que ces divers moyens ne peuvent être invoqués pour la première fois devant la Cour de cassation ; ils seraient rejetés comme nouveaux (3).

Mais la règle que nous venons d'exposer reçoit une exception importante. Il n'est pas permis de déroger aux lois qui intéressent l'ordre public et les bonnes mœurs (art. 66, C. c.). On ne peut donc renoncer à des moyens

(1) Aubry et Rau. T. I, p. 118.

(2) Pour la prescription, l'art. 2224 C. c. lève toute difficulté.

(3) Voir les arrêts de cassation sur ces divers points. P. la chose jugée : Civ., 30 mai 1876 (D. P., 78, 1, 88); Civ. Cass., 12 déc. 1876 (D. P., 77, 1, 288); Rej., 4 juillet 1877 (D. P., 79, 1, 477); Req., 21 juillet 1879 (D. P., 80, 1, 58); 21 mars 81 (D.P., 81, 1, 305). — P. l'imputation de paiement : Req., 4 févr. 1840. — P. la subrogation : Req. 7 juillet 1841. — P. la compensation : Req., 6 juillet 1808 (J. G., n° 1874). — P. la novation : Civ. Cass., 21 août 1868 (D. P., 68, 1, 300); Req., 21 août 1873 (D.P., 75, 1, 262). — P. l'aveu judiciaire : Req., 22 nov. 80 (D. P., 81, 1, 58,.

qui touchent l'ordre public; si les parties, pour une raison ou pour une autre, ne les ont pas invoqués, les juges
du fond ont le droit et le devoir de suppléer d'office à
cette omission. Enfin, si les juges ne l'ont pas fait, la
Cour suprême se trouve en droit de leur reprocher leur
négligence et agissant, en pareil cas, dans un intérêt supérieur, elle pourra connaître de moyens nouveaux, lorsqu'ils sont d'ordre public. Mais ici on se heurte à la difficulté qui surgit chaque fois qu'on fait intervenir l'ordre
public: comment le définir?

Ni la législation ni la doctrine ne fournissent de crité-
rium à l'aide duquel on puisse déterminer d'une manière
générale les moyens d'ordre public; on ne peut donner
que des solutions particulières; sans entrer dans une
énumération complète, indiquons les cas les plus impor-
tants.

On s'accorde à ranger parmi les lois intéressant l'ordre
public les lois constitutionnelles et administratives, et il
a été jugé qu'on pouvait proposer pour la première fois
devant la Cour suprême les moyens tirés de ce que l'autorité judiciaire avait empiété sur l'autorité administrative (Req. 1er août 1845. D. P. 45, 1, 261); de l'inaliénabilité du domaine public municipal. (Req. 24 déc. 1872.
D. P. 74, 5, 61.)

Il faut y assimiler les lois réglant l'ordre des juridictions. Sont donc d'ordre public: le moyen tiré de l'incompétence ratione materiæ (Civ. cass., 15 nov. 1881. D. P.
81, 1, 467), le moyen basé sur la fin de non-recevoir tirée
du dernier ressort. Cette fin de non-recevoir doit en effet
être déclarée d'office par le juge d'appel; c'est par suite

Aubert.   16

un moyen d'ordre public (Civ. rej., 22 déc. 1880. D. P. 82
1, 174). Mais si ce moyen se complique d'un point de fait
il faut que cette question ait été soumise aux juges du
fond, sinon le moyen ne sera pas recevable devant la Cour
de cassation. C'est ce qui a été décidé à l'occasion d'un
moyen tiré de ce qu'une Cour d'appel avait statué sur l'appel
d'un jugement d'un tribunal de commerce alors que ce tribunal avait lui-même prononcé en appel. La Cour d'appel
n'ayant pas été mise à même de constater l'existence du
prétendu jugement de l'instance, qui n'était ni représenté
ni mentionné dans l'arrêt attaqué, la Cour suprême rejeta
le pourvoi (Civ. rej., 17 mai 1881. D. P. 82, 1, 102-103).

On pourrait citer encore de nombreux exemples de
moyens considérés comme d'ordre public. Ceux qui pré-
cèdent suffisent à mettre en lumière le motif qui a fait
déroger à la règle, que les moyens nouveaux ne sont pas
admis devant la Cour de cassation. Les moyens exceptés
reposent sur des mesures d'ordre général dont il importe
d'assurer l'observation rigoureuse, c'est la raison pour
laquelle on n'a pas voulu s'en remettre aux parties du
soin de les invoquer; les juges du fond doivent les suppléer et la Cour suprême peut en connaître lorsqu'ils sont
présentés pour la première fois devant elle.

A côté des moyens d'ordre public qui peuvent pour la
première fois être invoqués devant la Cour de cassation,
il faut placer certaines demandes qui, bien que nouvelles,
seront cependant admises par la Cour suprême. Cette disposition exceptionnelle tient à ce que le demandeur se
trouve dans l'impossibilité de faire valoir sa prétention
devant les juges du fond.

A titre d'exemple de demande de ce genre, on peut citer l'hypothèse d'une demande en inscription de faux, dirigée contre un jugement en dernier ressort mentionnant la présence d'un magistrat qui n'a pas figuré à l'arrêt. Le grief n'apparaissant qu'après que le tribunal a été dessaisi de l'affaire principale, la demande en inscription de faux n'a pu être invoquée devant lui ; c'est devant la Cour de cassation qu'elle doit être portée. Si les griefs allégués sont vraisemblables et si, en les supposant prouvés, ils sont de nature à entraîner l'annulation de l'arrêt, la Cour suprême autorisera le demandeur à faire sommation au défendeur d'avoir à déclarer s'il entend se servir de l'expédition du jugement arguée de faux. Sur la réponse affirmative du défendeur, la Cour de cassation rendra un deuxième arrêt autorisant la preuve du faux, mais en même temps, et par application de la règle que la Cour de cassation ne peut connaître du fond des affaires, elle renverra le jugement du faux à un tribunal, ordinairement égal en autorité à celui dont la décision est attaquée (1). La question de faux une fois tranchée, la Cour de cassation prononcera, s'il y a lieu, la nullité de l'arrêt entaché de faux (Civ., 17 et 30 août 1881, Sir., 82, 1, 345 Cass., 24 nov. 1880, Sir., 83, 1, 29).

(1) A l'exception seulement des tribunaux de commerce, qui ne sont jamais compétents pour connaître des faux.

Avec la théorie des moyens nouveaux, nous arrivons au terme de notre étude sur les causes d'ouverture à cassation.

La conclusion en est simple.

Partant de l'idée fondamentale qui a présidé à la constitution de la Cour de cassation : le désir d'assurer l'exacte et identique observation de la loi par toute la France, nous avons montré que l'unique cause de cassation était, sous des dénominations variables, la contravention à la loi.

Donnant à la contravention à la loi son sens le plus large, c'est-à-dire assimilant la violation de l'esprit de la loi à celle de son texte, nous avons reconnu à la Cour régulatrice une entière liberté pour fixer le sens de ces dispositions, et nous lui avons attribué, comme sanction de ce pouvoir, le droit de casser les décisions judiciaires qui y contreviendraient.

Mais, en même temps, nous avons apporté à ce principe un tempérament, et nous avons refusé à la Cour le droit de préciser le sens des prescriptions de la loi, lorsque le législateur a manifesté, en employant des termes vagues et généraux, ne comportant pas une détermination précise, l'intention de s'en remettre à l'appréciation que feront pour chaque espèce les juges du fond.

Sur toutes ces questions, nous nous sommes efforcé de montrer les arrêts de la Cour de cassation venant corroborer notre opinion. Sur quelques points de détail, il est vrai, nous nous sommes permis une manière de voir différente de celle de la Cour.

Sans avoir la prétention, par trop audacieuse, d'avoir fourni des solutions toujours préférables, nous avons essayé, autant qu'il a été en notre pouvoir, de justifier nos critiques. Ce qui nous donne l'espérance qu'elles ne sont pas sans fondement, c'est que sur les questions auxquelles nous faisons allusion, la jurisprudence de la Cour suprême prouve par des variations fréquentes qu'elle n'a pas encore rencontré son expression définitive.

POSITIONS

DROIT ROMAIN.

I. L'absent majeur qui a laissé un procurator capable de le représenter dans un procès, ne peut obtenir la restitutio in integrum contre le jugement intervenu, mais seulement contre l'expiration du délai pour interjeter appel.

II. La restitutio in integrum ob dolum était employée de préférence à l'action de dolo, lorsque le dol avait été commis au cours d'un procès par l'une des parties en cause.

III. Pour obtenir la restitutio in integrum, le mineur doit justifier d'une lésion plus grande que le majeur de vingt-cinq ans.

IV. Le délai de quatre ans, donné par Justinien pour demander la restitution, ne court, dans le cas d'un dol commis, qu'à compter du jour où il a été connu de la partie lésée.

V. Dans le cas où un procurator, intervenu dans un procès pour le compte d'autrui, a succombé, le préteur ne délivre qu'une seule « actio judicati », dirigée soit contre le dominus, soit contre le procurator, suivant qu'il s'agit d'un procurator praesentis ou absentis.

VI. C'est par une revendication utile et non par l'action publicienne que doit agir celui qui a obtenu un droit de propriété prétorienne non accompagné de possession.

DROIT FRANÇAIS.

DROIT CIVIL.

I. Les juges du fond ne peuvent, sous peine d'encourir la censure de la Cour de cassation, modifier les conventions qu'ils ont reconnues avoir été dans l'intention des parties contractantes, souverainement déterminée par eux.

II. Le don manuel de titres au porteur est valable.

III. Un mariage contracté à l'étranger entre Français n'est pas forcément nul lorsque les publications prescrites par l'art. 170 n'ont pas été faites en France.

IV. La constitution de dot faite par un père au profit de sa fille a le caractère d'acte à titre onéreux, aussi bien au regard de la femme qu'à l'égard du mari.

V. Le pourvoi en cassation est possible contre les jugements interlocutoires, avant la sentence définitive.

VI. Le propriétaire véritable qui évince un propriétaire apparent, n'est pas tenu de respecter les baux consentis par ce dernier.

DROIT COMMERCIAL.

I. L'art. 1 al. 2 de la loi du 24 juillet 1867 est applicable à l'augmentation du capital social prévue par les statuts d'une société.

II. Les juges du fond ne peuvent, sous peine d'encourir la censure de la Cour de cassation, se refuser à tenir compte d'un usage commercial dont ils constatent l'existence, lorsqu'ils n'établissent pas que l'intention des parties a été d'en écarter l'application.

DROIT PÉNAL

I. L'action civile de l'art. 3, I. Cr. n'appartient pas aux héritiers dans le cas de diffamation dirigée contre leur auteur après sa mort.

II. La juridiction d'appel conserve la connaissance de l'action civile, après l'extinction de l'action publique par le décès du prévenu survenu au cours de l'instance.

III. L'action publique à raison d'un crime commis par un mineur de seize ans ne se prescrit que par dix ans.

DROIT INTERNATIONAL.

I. La violation d'une loi étrangère par un tribunal français n'est pas une cause d'ouverture à cassation.

II. Un agent diplomatique étranger peut être poursuivi devant un tribunal françois, à raison d'actes commerciaux effectués par lui en France.

III. Le bombardement d'une ville défendue ne peut commencer qu'après avis préalable donné aux assiégés.

Vu par le Doyen,
    Ch. BEUDANT.
                              Vu par le Président,
                                   GLASSON.

Vu et permis d'imprimer,
le Vice-Recteur,
GRÉARD.

TABLE DES MATIÈRES

DROIT ROMAIN

DE L'IN INTEGRUM RESTITUTIO, ENVISAGÉE COMME VOIE DE RECOURS CONTRE LES JUGEMENTS.

DROIT FRANÇAIS

DES CAUSES D'OUVERTURE A CASSATION EN MATIÈRE CIVILE.

Paris. — A. PARENT, imp. de la Fac. de médec., A. DAVY, successeur,
52, rue Madame et rue M.-le-Prince, 14.

www.ingramcontent.com/pod-product-compliance
Lightning Source LLC
Chambersburg PA
CBHW060349200326
41519CB00011BA/2088